Jakobine Wierz

Aber ich kann doch gar nicht textil gestalten!

Textilgestaltung unterrichten für „Luftmaschenhäkler"

Verlag an der Ruhr

W0173789

Verlag an der Ruhr

Impressum

Titel: Aber ich kann doch gar nicht textil gestalten!

Autorin: Jakobine Wierz

Druck: Druckerei Uwe Nolte, Iserlohn

Verlag: Verlag an der Ruhr

Alexanderstr. 54
45472 Mülheim an der Ruhr
Tel.: 0208/439 54 50
Fax.: 0208/439 54 39
E-Mail: info@verlagruhr.de
www.verlagruhr.de

© **Verlag an der Ruhr 2002**
ISBN 3-86072-725-7

Die Schreibweise der Texte folgt
der reformierten Rechtschreibung.

Gedruckt auf chlorfrei gebleichtes Papier.

Inhalt

Inhalt

Textiles Gestalten heißt: Stoffe bemalen und bedrucken

Textiles Gestalten heißt: Gestalten mit Filz

Textiles Gestalten heißt: Handarbeiten

Inhalt

Textiles Gestalten heißt: Stoffe färben

Inhalt

Textiles Gestalten kann jeder!

Sie träumen vom textilen Gestalten? Sie möchten einem stofflichen Material Gestalt geben oder sie wurden in der Schule mit dem Fach Textilgestaltung oder Arbeitslehre betraut?

Dabei behaupten Sie von sich selbst, Sie hätten zwei linke Hände! Sie könnten weder mit Nadel noch mit Faden umgehen? Sie seien unkreativ und könnten mit Stoff und Wolle nichts gestalten? Das sind alles keine Gründe, um sich vom textilen Gestalten zu distanzieren und sich den Umgang mit Nadel, Faden, Stoff, Wolle und Farbe nicht zuzutrauen.

Vielleicht behaupten Sie auch, textiles Gestalten sei eine großmütterliche Beschäftigung, in der Sie keinen Sinn innerhalb der kindlichen Entwicklung sehen! Worin besteht in einer Gesellschaft noch der Sinn im textilen Gestalten, wenn man sich den fertigen Stoff oder das fertige Kleidungsstück kaufen kann? Wieso sollen Kinder den Umgang mit Stoff, Wolle, Faden und Nadel in einer Gesellschaft erlernen, in der das Nähen, Stricken, Sticken usw. computergesteuert ist?

Durch die Technologie hat textiles Gestalten in unserer Gesellschaft an Bedeutung verloren und einen recht stief- und großmütterlichen Stellenwert bekommen. Uns allen entgeht sehr viel, wenn wir das Gestalten mit Stoff, Wolle, Nadel und Faden nur noch Maschinen überlassen.

Textiles Gestalten kann jeder!

Fortsetzung

Gerade das intensive ganzheitliche Erleben des Entstehens vom Urmaterial zum Endprodukt bleibt dabei auf der Strecke.

Der Sinn des textilen Gestaltens besteht also in einer Form der ganzheitlichen Aneignung. Anders formuliert besteht der Sinn darin, sich spielerisch-experimentell mit textilen Materialien auseinander zu setzen, um diesem einen Wert beizumessen. Textiles Gestalten ermöglicht aber auch, aus der zweidimensionalen Darstellung in einen weiteren dritten Raum vorzudringen. Indem sich die Kinder mit verschiedenen stofflichen Materialien auseinander setzen, gelangen sie zu dreidimensionalen gestalterischen Arbeiten. Sie schätzen es, sich mit Textilien im dreidimensionalen Raum ausbreiten zu dürfen. Man denke nur an die Verkleidungslust von Kindern oder an die Lust, Höhlen zu bauen.

Kaum ein anderes Material erlaubt einen so schöpferischen Spielraum wie Textilien. In diesem Zusammenhang spricht man von einer dichten, intensiven, sozialen, emotionalen und intellektuellen Eroberung des Raumes mit stofflichen Materialien.

Nach Meinung vieler Menschen handelt es sich bei dem Erlernen von Nähen, Stricken und Sticken um zeitintensive technische Aktivitäten. Das mag zwar der Fall sein, dennoch gibt es auch zahlreiche experimentelle, spielerische Gestaltungsansätze, um Kindern den Zugang zu diesen Materialien zu ermöglichen. Die Materialien haben verschiedene Aufforderungscharaktere und reizen zu ganz unterschiedlichen Auseinandersetzungen mit ihnen.

Sicherlich fallen Ihnen noch immer viele Gründe ein, warum Sie sich nicht zutrauen, mit textilen Materialien zu arbeiten. Viele Argumente sind in

© Verlag an der Ruhr Postfach 10 22 51
45422 Mülheim an der Ruhr www.verlagruhr.de

diesem Zusammenhang vorstellbar: „Ich weiß nicht, wie ich das Interesse für diese Materialien bei Kindern wecken kann. Mir fallen keine spielerisch-experimentellen Möglichkeiten ein, um Kinder mit textilem Material zu konfrontieren. Ich habe Angst vor den technischen Anforderungen. Ich weiß nicht, wie ich etwas an Kinder vermitteln kann, worin ich mich selbst überhaupt nicht auskenne usw.".

Sie werden sehen, all das ist kein Problem, sobald Sie einen Blick in dieses Buch geworfen haben. Denn hier finden Sie eine Vielfalt unterschiedlicher Ideen und Hilfestellungen, bei denen oftmals weniger die fertigen Werke im Mittelpunkt der Betrachtung stehen als das ganzheitliche Erleben textiler Materialien. Mit den richtigen Inspirationen ist textiles Gestalten kinderleicht. Bald schon werden Nadel, Faden, Stoff und Wolle untrennbar mit Ihnen verbunden sein.

© Verlag an der Ruhr   Postfach 10 22 51
45422 Mülheim an der Ruhr   www.verlagruhr.de

Textiles Gestalten heißt: Weben

Aktivitäten rund um Kette und Schuss

Weben ist eine alte Handwerkskunst. Jedoch braucht man dafür nicht immer einen fachmännischen Webrahmen. Weben kann man auf und mit allen Materialien, die es ermöglichen, eine so genannte Fadenkette über einen Hohlraum hinweg zu spannen. Die Kettfäden werden bei einem professionellen Webrahmen senkrecht durch einen Kamm gespannt. Dieser ermöglicht es durch Löcher und Schlitze, jeden zweiten Faden hoch- oder runterzudrücken. Dies ist wichtig, um die Schussfäden horizontal einweben zu können. Der Kamm schlägt aber auch die eingezogenen Schussfäden dicht an die vorher gewebten Fäden an. So wird die Webstruktur dichter. Um die Schussfäden besser einweben zu können, werden diese um ein Schiffchen gewickelt. Das Schiffchen ist ein dünnes, ungefähr 15 cm langes und 3 cm breites Holzbrettchen, das an beiden Schmalseiten eine Einkerbung hat, damit die Wolle darin Halt findet. Das Schiffchen wird immer unterhalb des Kammes durch die Kette geschoben. Gewebt wird, indem die Schussfäden abwechselnd über bzw. unter einen Kettfaden geführt werden. In der nächsten Reihe wird dann versetzt gearbeitet.

Ist das gewünschte Gewebe fertig, werden die Kettfäden vom Webrahmen gelöst. Es werden immer zwei nebeneinander liegende Kettfäden miteinander verknotet. Nun werden die Kettfäden abgeschnitten, als Fransen hängen gelassen oder zu Zöpfen geflochten.

So kompliziert sich das Weben anhört, kann man es auch auch ohne dieses komplexe Instrumentarium Kindern nahe bringen.

Experimentelles Weben

Der Vorgang des eigentlichen Webens ist beim experimentellen Weben genauso wie bei einem herkömmlichen Webrahmen oder Webstuhl (vgl. Seite 13). Der Unterschied ist, dass hier mit verschiedenen Materialien experimentiert und improvisiert wird.

Beim experimentellen, spielerischen Weben wird entweder auf einen bestehenden Webrahmen, bzw. eine schon bestehende Webkette zurückgegriffen oder man behilft sich mit einem selbst herzustellenden Webrahmen.

Zum experimentellen und spielerischen Weben eignen sich dicke, eventuell auch unregelmäßig gesponnene Wollen, Geschenkbänder, Netze (Mandarinen- oder Zitronennetze), Paketband, Bast, Watte, Lederstreifen, Schafwolle, Filzstreifen oder in lange Streifen geschnittene Stoffreste und ebenso bearbeiteter Leinen oder Kartoffelsäcke, Äste, Gräser, Federn, Perlen usw. Der Auswahl der Materialien zum Einweben sind keine Grenzen gesetzt.

Damit lange Fäden besser durch die Kette eingewebt werden können, kann aus fester Pappe ein 10 cm langes und 3 cm breites Schiffchen zugeschnitten werden. Auch dieses Pappschiffchen erhält an den beiden Schmalseiten jeweils eine Einkerbung, damit das Garn darin Halt findet. Als Ersatz für den Webkamm kann man eine Gabel oder einen Haarkamm nehmen. Man führt die Zähne zwischen die Kettfäden und schlägt den letzten Schussfaden enger an die vorher gewebten an. So wird die Webstruktur dichter.

Im Folgenden werden viele experimentelle und spielerische Möglichkeiten vorgestellt, um Kinder mit dem Weben vertraut zu machen.

Webrahmen vom Flohmarkt

ab 7 Jahre

Motorik, Technik

Material: alter Bilderrahmen vom Flohmarkt, Wolle oder Paketband, Hammer, Nägel

An zwei gegenüberliegenden Seiten des Holzrahmens schlagen die Kinder im Abstand von ungefähr 0,5 cm gleich viele Nägel so ein, dass die Nägelköpfe noch über das Holz hinausstehen. Dann können sie die Kettfäden

© Verlag an der Ruhr   Postfach 10 22 51
45422 Mülheim an der Ruhr   www.verlagruhr.de

spannen. Dazu befestigen sie die Wolle mit einem Knoten am äußersten Nagel. Anschließend spannen die Kinder den Wollfaden von einem Nagel zum gegenüberliegenden Nagel. Ist der Wollfaden von oben nach unten und von unten nach oben um alle Nägel geführt worden, wird die Wolle am letzten Nagel festgeknotet. Nun kann das Weben beginnen.

Ob die Kinder ausschließlich mit Wolle weben oder auch andere Materialien wie Bast, Paketband, Federn, Perlen usw. verwenden, hängt jetzt nur noch von Ihrem Thema ab.

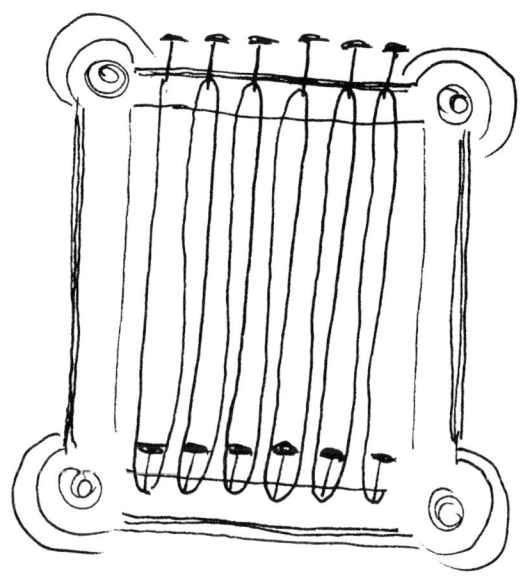

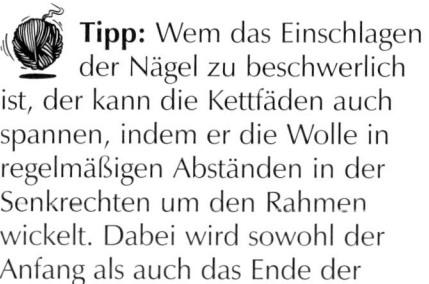 **Tipp:** Wem das Einschlagen der Nägel zu beschwerlich ist, der kann die Kettfäden auch spannen, indem er die Wolle in regelmäßigen Abständen in der Senkrechten um den Rahmen wickelt. Dabei wird sowohl der Anfang als auch das Ende der Wolle am Rahmen festgeknotet.

Freiluftwebrahmen
ab 7 Jahren

Experimentierfreude, Motorik, Technik, Fantasie, Kreativität, Wahrnehmung

Material: zwei Bäume, die eng beieinander stehen und zwei einander gegenüberliegende, große Astgabeln aufweisen, zwei Rundhölzer (Länge je nach Abstand der Astgabeln), zwei dünne Seile (2 m lang), Wolle

Wie wäre es mit einer Weberei in der freien Natur? Viele Naturvölker webten ihre Teppiche auf Webrahmen, die die Natur ihnen vorgab.
Auf den Spuren der Webarbeit dieser Naturvölker suchen die Kinder zwei Bäume, die eng beieinander stehen. In deren Astgabeln legen sie mit etwas Hilfe eines der beiden Rundhölzer. Die beiden Seile verknoten die Kinder jeweils zu einer riesigen Schlaufe. Diese beiden Schlaufen ziehen die Kinder an jeweils einer Seite über das bereits hängende Rundholz.

Das zweite Rundholz hängen sie nun in die beiden Seilschlaufen ein (siehe Zeichnung).

Um die beiden Seilschlaufen strammzuziehen, beschweren die Kinder die untere Stange mit Steinen.

Nun beginnen die Kinder mit dem Spannen der Kettfäden. Sie wickeln die Wolle abwechselnd einmal über die untere und dann über die obere Stange (siehe Zeichnung). Dabei knoten sie sowohl den Anfang als auch das Ende der Wolle an den Rundhölzern fest. Sind die Kettfäden gespannt, beginnen die Kinder damit, die verschiedensten Materialien in ihren Freiluftweb- rahmen einzuweben.

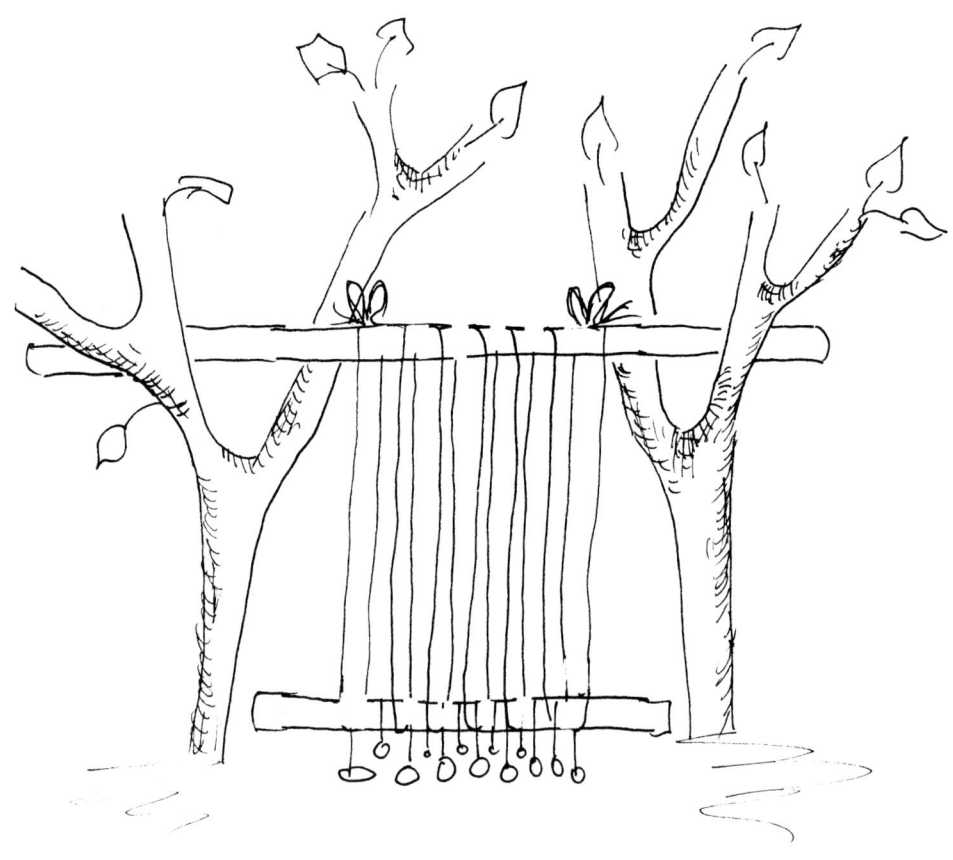

© Verlag an der Ruhr   Postfach 10 22 51
45422 Mülheim an der Ruhr   www.verlagruhr.de

Naturwebrahmen

Experimentierfreude, Motorik, Technik, Fantasie, Kreativität, Wahrnehmung

Material: vier gleich starke Äste (von denen entweder jeweils zwei oder alle vier gleich lang sein müssen), Schere, Gabel oder Haarkamm, Wolle, Bast, Schafwolle, Lederstreifen, Haarperlen, Stoffstreifen, Filzstreifen, Leinenstreifen, Netze (Mandarinen- oder Zitronennetze) usw.

Die Kinder legen die Äste zu einem Rechteck oder einem Viereck zusammen. Dort, wo die Äste sich überschneiden, umwickeln sie diese mehrmals fest mit Wolle oder Bast (siehe Zeichnung). Nun benötigt der Webrahmen die Kettfäden, in die später die Schussfäden eingewebt werden. Dazu umwickeln die Kinder den Webrahmen regelmäßig mit Wolle. Beginn und Ende des Fadens binden sie am Rahmen fest. Nun weben die Kinder Wolle, Bänder, Stoffe, Netze, Lederstreifen usw. ein. Führen sie die Zähne einer Gabel oder eines Haarkamms zwischen die Kettfäden, können sie damit die Schussfäden enger aneinander schlagen (vgl. Seite. 14). So wird die Webstruktur dichter.

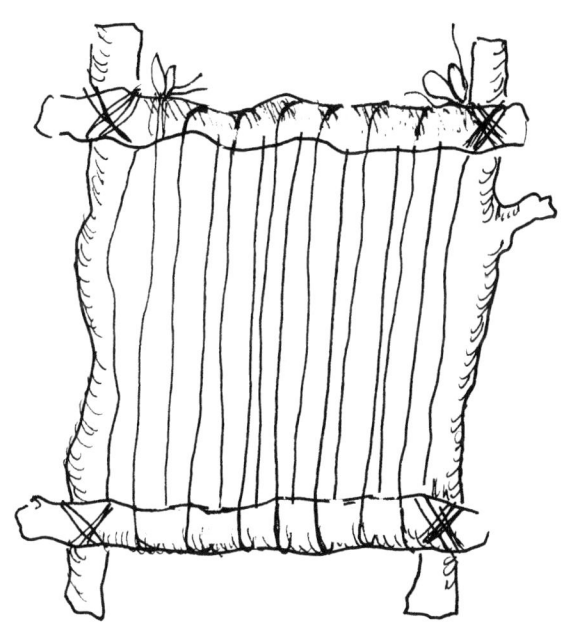

Tipp: Werden unterschiedlich dicke und dünne Materialien eingewebt oder Materialien weniger eng mit dem Kamm angeschlagen, entsteht ein welliges Muster.
Bei nicht angeschlagenen Mandarinen- oder Zitronennetzen entsteht ein transparenter Effekt.

Astgabelweberei

Experimentierfreude, Motorik, Technik, Fantasie, Kreativität, Wahrnehmung

Material: große Astgabel, Wolle, Bast, Filz, Watte, grobe Schafwolle, Naturmaterialien

Die Natur gibt den Kindern hier einen Webrahmen vor.
Die Kinder suchen vorher bei einer Wanderung oder einem Spaziergang im abgefallenen Holz eine Astgabel. Über diese Astgabel wickeln sie dann die Wolle. Sowohl der Beginn der Wolle als auch später das Wollende werden am Ast festgeknotet. Durch das Wickeln entsteht eine gespannte Webkette, in die die Kinder anschließend Wollfäden, Bänder, Bast, Filz usw. einweben.

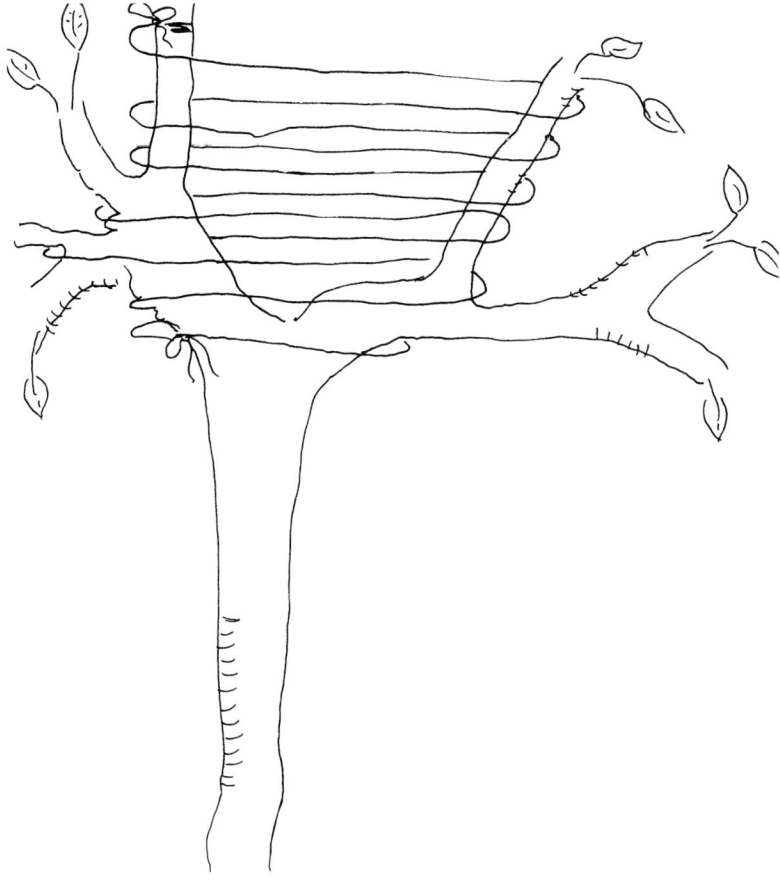

Aber ich kann doch gar nicht textil gestalten!

Flickerlweben

Experimentierfreude, Motorik, Technik, Fantasie, Kreativität, Wahrnehmung,

Material: alte Blusen, T- Shirts usw., ein mit einer Kette bespannter Webrahmen, Schere

Die geflickten Stellen in Kleidungsstücken werden im Süden Deutschlands Flickerl genannt. Aus Kleidungsstücken, die aufgrund ihrer vielen Flickstellen nur noch im Kleidersack gelandet wären, werden dort gewebte Kunstwerke erstellt. Es wird das so genannte Flickerlweben praktiziert.
Den Körper und die Arme der alten Kleidungsstücke zerschneiden die Kinder in 2 cm breite Stoffstreifen (siehe Zeichnung). Diese Streifen weben sie in die Webkette des Webrahmens ein. Die Kinder sollten nicht allzu lange Streifen schneiden, denn diese lassen sich schwerer durch die Kette weben. Die Stoffstreifen können die Kinder jederzeit aneinander knoten.

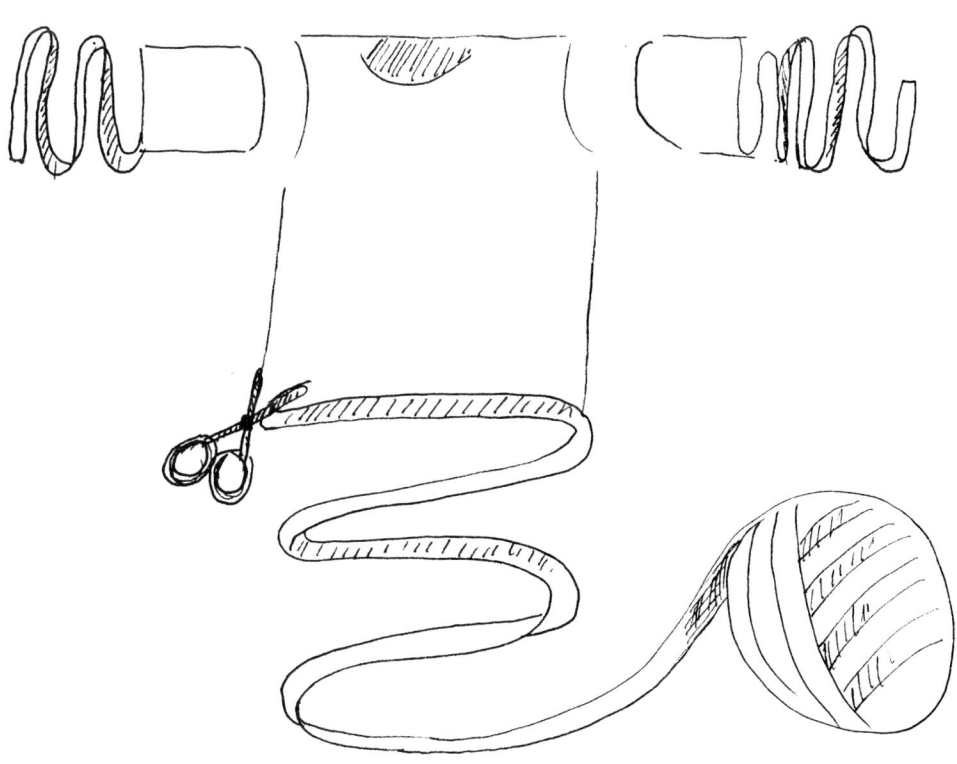

Küchensiebweberei

ab 5 Jahre

Experimentierfreude, Motorik, Technik, Fantasie, Kreativität, Wahrnehmung

Material: Plastikküchensieb oder Plastikwäschekorb, dicke Wolle, Bast, Geschenkband oder in lange Streifen geschnittene Stoffreste usw.

Dies ist einmal eine ganz andere Webarbeit. Während Weben sonst immer mit dem Spannen einer Kette verbunden ist, gibt das Plastikgeflecht bei diesem Angebot die Kette vor.
Die Kinder weben durch die Löcher des Plastikgeflechtes nun z.B. die Wolle. Haben sie eine Runde gewebt, müssen sie bei der nächsten Runde darauf achten, dass sie den Faden um ein Loch versetzt durch die Löcher fädeln. Am Ende haben die Kinder einen individuell gestalteten Korb, in den sie Obst oder andere Dinge legen können.

Nudelweberei

ab 8 Jahre

Experimentierfreude, Motorik, Technik, Fantasie, Kreativität, Wahrnehmung

Material: Makkaroni, einen Webrahmen, Wolle, Silberdraht

Eine außergewöhnliche Idee, die den Kindern sicher viel Spaß macht, ist die Nudelweberei.
Die Kinder ziehen auf die einzelnen Kettfäden eines rechteckigen Webrahmens zusätzlich Makkaroni-Nudeln auf. Die Kettfäden ziehen sie mit einer aus Silberdraht geformten Schlinge durch die Makkaroni. Ansonsten spannen sie die Kette wie sonst auch (vgl. Seite 15). Dann weben die Kinder wie üblich einmal über und einmal unter den Makkaroni hindurch. Nach dem Abnehmen des Teppichs verknoten die Kinder nur noch jeweils zwei der Kettfäden miteinander, damit die Schussfäden nicht mehr entweichen können. Andere Möglichkeiten, das Gewebe abzuketten, siehe Seite 15ff. So ist ein witziger, ungewöhnlicher Teppich entstanden.

© Verlag an der Ruhr Postfach 10 22 51
45422 Mülheim an der Ruhr www.verlagruhr.de

Freundschaftsbänder

Motorik, Technik, Fantasie, Kreativität, Wahrnehmung,
soziale Kompetenz

Material: Vierkantholz (ca. 40 cm lang, 6 cm breit, 6 cm dick), Wolle,
Nägel, Hammer, Stopfnadel, Gabel oder Haarkamm, Schere

Freundschaftsbänder sind bei Kindern sehr beliebt und werden von ihnen
sehr gerne getragen. Warum sie also nicht einmal selbst gestalten?
An beiden Schmalseiten des Vierkantholzes schlagen die Kinder im Abstand
von ungefähr 0,5 cm mindestens sechs Nägel so ein, dass die Nägelköpfe
noch über das Holz hinausstehen (siehe Zeichnung). Den Wollfaden knoten
sie zu Beginn am äußersten Nagel fest. Dann kann das
Spannen der Kettfäden beginnen. Die Kinder spannen den
Wollfaden immer von einem Nagel zum gegenüberliegenden Nagel. Haben die Kinder den Wollfaden um
alle Nägel geführt, binden sie ihn am letzten Nagel
fest. Jetzt können sie verschiedenfarbige Wollfäden
in die Kette einweben. Eine Stopfnadel, in die die
Fäden eingefädelt werden, dient den Kindern als
Schiffchen.
Die Kinder müssen die Schussfäden fest
anschlagen, damit das Band nicht zu locker
wird. Reihe um Reihe wächst dabei das
Freundschaftsband. Ist das Band lang
genug, nehmen die Kinder es ab und
verarbeiten die Kettfäden
(vgl. Seite 14).

Netzwebbilder

Experimentierfreude, Motorik, Technik, Fantasie, Kreativität, Wahrnehmung

Material: alter kleiner Holzbilderrahmen, Netze (Mandarinen- oder Zitronennetze), Tacker, Nadel, Wollfäden, Bast, Federn, Haarperlen, Wolle usw.

Mandarinen- oder Zitronennetze sind preiswerte Materialien, die bereits eine Webkette vorgeben.
Die Kinder spannen das Netz auf einen der Netzgröße entsprechenden Holzbilderrahmen und tackern es auf der Rückseite des Rahmens fest.
Danach kann das Weben beginnen. Eine Nadel, in die die Kinder die Wolle einfädeln, dient als Schiffchen.
Die Kinder können außer Wolle auch noch andere Materialien mit einarbeiten.

Weben mit Maschendraht

Experimentierfreude, Motorik, Technik, Fantasie, Kreativität, Wahrnehmung, Kooperation, soziale Kompetenz, Interaktion

Material: Gitterzaun aus Maschendraht mit umgeknickten Enden (Verletzungsgefahr), Schafwolle, dicke Wolle, Filzstreifen, Watte, Bast oder in lange Streifen geschnittene Stoff- oder Leinenreste, Geschenkband, Naturmaterialien usw.

Bei diesem Angebot dient den Kindern ein Maschendrahtzaun als Webkette. Durch die Löcher des Gitters weben sie das Webmaterial durch Auf- und Abbewegungen ein. Die Kinder können ein Muster weben oder die Materialien unregelmäßig einziehen. Besonders viel Spaß macht dieses Weben, wenn mehrere Kinder gemeinsam an einem größeren Zaun ihre Materialien einweben.

Pappwebrahmen
ab 7 Jahre

Experimentierfreude, Motorik, Technik, Fantasie, Kreativität, Wahrnehmung

Material: quadratischer Bierdeckel, Wolle, Schere, Stopfnadel

Ein quadratischer Bierdeckel wird auf zwei gegenüberliegenden Seiten mit kleinen Schlitzen im Abstand von 0,5 cm eingeschnitten. Anschließend wickeln die Kinder die Wolle so um den Bierdeckel, dass der Faden immer in zwei gegenüberliegenden Schlitzen Halt findet. Sowohl den Fadenanfang als auch später das Fadenende kleben sie auf der Rückseite fest. Durch das Wickeln der Wolle sind Kettfäden entstanden. Mithilfe der Stopfnadel weben die Kinder jetzt verschiedenfarbige Fäden ein.

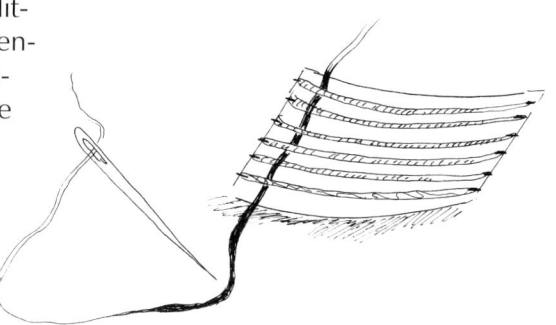

Drahtbügelweberei
ab 5 Jahre

Experimentierfreude, Motorik, Technik, Fantasie, Kreativität, Wahrnehmung

Material: Drahtkleiderbügel (in Reinigungen erhältlich), Schere, Zange, Bast, Paketband, Wolle, Geschenkbänder, Haarperlen, Lederstreifen, Stoffstreifen, Watte, Schafwolle usw.

Die Kinder biegen den Drahtkleiderbügel mit der Zange an verschiedenen Stellen ein (6 x an der Langseite und 3–4 x an den beiden Kurzseiten). Über diesen Draht spannen sie nun kreuz und quer ein Fadenkreuz aus Paketband, Bast oder Wolle. Sowohl den Fadenanfang als später auch das Fadenende knoten sie an dem Drahtkleiderbügel fest. In dieses Fadennetz weben die Kinder nun verschiedene Materialien ein.

Rundweben

Beim Rundweben sind die Kettfäden nicht wie in den vorherigen Beispielen senkrecht, sondern sternförmig gespannt. Die Kinder weben bei dieser Webtechnik vom inneren Fadenkreuz aus nach außen zum Rand. Aber auch hier werden die Schussfäden abwechselnd unter und über die Kettfäden gewebt. In der nächsten Reihe wird dann versetzt gearbeitet. Die Schussfäden werden zum Fadenkreuz hin angeschlagen.

Speichenweben
ab 6 Jahre

Experimentierfreude, Motorik, Technik, Fantasie, Kreativität, Wahrnehmung, Interaktion

Material: Felge eines alten Fahrrads, Stoffstreifen, Wolle, Bast, Filzstreifen, Watte, grobe Schafwolle usw.

Bei diesem Angebot wird die Webkette durch die Speichen der Felge vorgegeben.
Die Kinder weben die Materialien rund um die Radnabe ein, indem sie diese abwechselnd unter und über die Speichen führen. Dabei müssen sie darauf achten, dass sie gerade am Anfang das Webmaterial gut an der Radnabe festbinden und die Materialien dort sehr stramm anschlagen.
Im Bereich der Nabe sollten die Kinder am besten bunte Stoffstreifen einsetzen. Die verschiedenen Materialien können beim Weben abwechselnd eingewebt werden, müssen jedoch immer wieder miteinander verknotet werden.
Je bunter die Stoffe sind, desto schöner wird die Felge später bei einem möglichen Felgenradrennen.
Dazu wird die Felge aufgestellt und von den Kindern mit der Hand angetrieben. Das Kind, dessen Rad am schnellsten über einen zuvor festgelegten Parcours rollt, hat gewonnen.

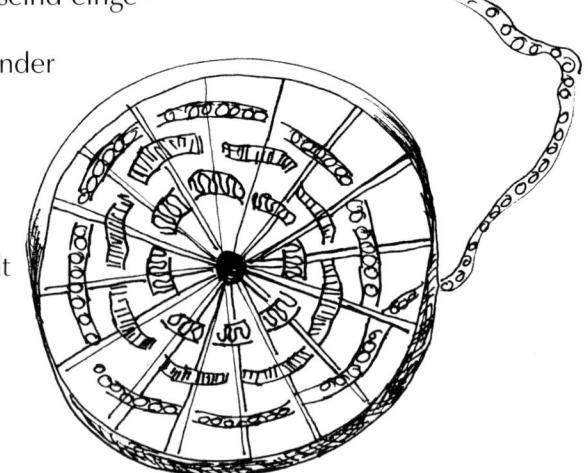

© Verlag an der Ruhr Postfach 10 22 51
45422 Mülheim an der Ruhr www.verlagruhr.de

Spinnennetze in Stoff

Experimentierfreude, Motorik, Technik, Fantasie, Kreativität, Wahrnehmung

Material: Bettlaken, Stickrahmen, Stopfnadel, Schere, Wolle, Federn, Perlen, Naturmaterialien usw.

Bei dieser Technik handelt es sich um eine Stopfart. Die Kinder erhalten die Aufgabe, Löcher in Bettlakenstücke zu schneiden und diese wie eine Spinne mit einem Netz auszufüllen.

Die Kinder zerschneiden das Bettlaken mit einer Schere in 30 x 30 cm große Stücke. Daraufhin schneidet jedes Kind in sein Bettlakenstück ein handgroßes rundes Loch. Dieses Loch stopfen die Kinder in weiteren Schritten mit Wolle.

Dazu spannen sie das Tuch in einen Stickrahmen. Dann spannen sie kreuzförmig Fäden über das Loch, so dass in der Mitte ein Fadenkreuz entsteht (siehe Zeichnung).

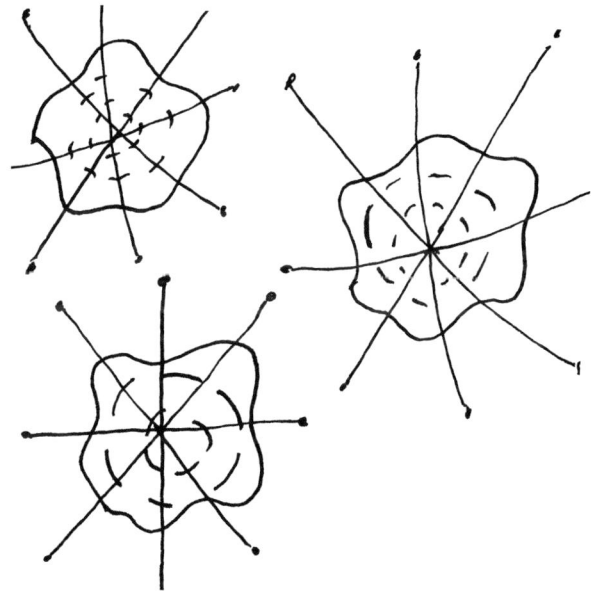

Dieses Fadenkreuz binden die Kinder mit einem weiteren Stück Wolle zusammen. Mit Nadel und Faden weben die Kinder nun dieses Loch zu. Sie beginnen den Webvorgang am Fadenkreuz, indem sie mit der Nadel die gespannten Fäden abwechselnd unter- und überfahren. Es entsteht eine Art Spinnennetz.

Zusätzlich zu der Wolle können die Kinder auch Federn, Perlen oder Naturmaterialien in ihre Arbeit einweben. So gestaltet jedes Kind seinen eigenen Traumfänger in Stoff.

Nähen die Kinder die einzelnen Tücher anschließend mit großen Steppstichen zusammen, entsteht ein schmucker Wandbehang.

Webbilder
im Weidenkranz

ab 8 Jahre

Experimentierfreude, Motorik, Technik, Fantasie, Kreativität, Wahrnehmung

Material: frisch geschnittene Birkenweiden oder ein fertiger Weidenkranz, Bast, Stopfnadel, Wolle

Aus den Birkenweiden binden die Kinder mithilfe des Basts einen Kranz, der ihnen später als Webrahmen dient. Da die Birkenweiden nicht zu glatt sind, findet die Wolle beim Spannen der Kette Halt an den Unregelmäßigkeiten des Kranzes.

Die Kinder wickeln die Wolle so um den Kranz, dass in der Mitte ein Fadenkreuz entsteht. Sowohl den Anfang des Wollfadens als auch das Ende knoten sie am Kranz fest. Das Fadenkreuz binden die Kinder mit einem weiteren Stück Wolle zusammen. Nun können die Kinder mit dem Weben beginnen. Sie starten am Fadenkreuz und weben so lange, bis die Nadel nicht mehr genügend Platz hat. Die Stopfnadel dient den Kindern dabei als Schiffchen.

Jonglierbälle

ab 9 Jahre

Experimentierfreude, Motorik, Technik, Fantasie, Kreativität, Wahrnehmung

Material: runder Bierdeckel, Stopfnadel, Baumwollgarn, Wolle, Schere, Trichter, Reis, Gabel oder Haarkamm

Jonglierbälle sind bei Kindern sehr beliebt und lassen sich leicht weben. Dazu werden rund um einen Bierdeckel 33 kleine Schlitze eingeschnitten. Eine unregelmäßige Anzahl der Schlitze ist wichtig. Die Kinder wickeln das Baumwollgarn so um den Bierdeckel, dass es in zwei gegenüberliegenden Schlitzen Halt findet. Den Fadenanfang und später auch das Ende befestigen sie mit Klebeband auf dem Bierdeckel. Dann wickeln sie den Baumwollfaden so lange weiter von Schlitz zu Schlitz um den Bierdeckel, bis alle Schlitze ausgefüllt sind. Wichtig ist dabei, dass der Faden immer von einem Schlitz zum gegenüberliegenden Schlitz gewunden wird. Die beidseitig entstandenen Fadenkreuze werden jeweils mit einem Baumwollfaden zusammen gebunden. Nun kann das Weben beginnen.

© Verlag an der Ruhr   Postfach 10 22 51
45422 Mülheim an der Ruhr   www.verlagruhr.de

Eine Stopfnadel dient den Kindern als Schiffchen. Die Kinder müssen darauf achten, dass sie die Schussfäden sehr eng anschlagen, damit der Jonglierball Stabilität gewinnt und der Reis später nicht entweichen kann.

Zusätzliche Fäden arbeiten die Kinder ein, indem sie Kettfäden, die schon überwoben wurden, nochmals mit einem neuen Faden überweben. Die Anfänge und Enden dieser Fäden legen sie nach innen hinter das Gewebe. Die Kinder weben so lange auf diese Weise weiter, bis auf einer Seite des Bierdeckels kein Platz mehr ist. Dann schneiden sie die Kettfäden auf der Rückseite auf und lösen sie aus den Schlitzen. Mit einer Gabel schieben die Kinder die Schussfäden nach außen, bis sich das Webstück zu einer Halbkugel wölbt. Dann verknoten sie jeweils nebeneinander liegende Kettfäden miteinander.

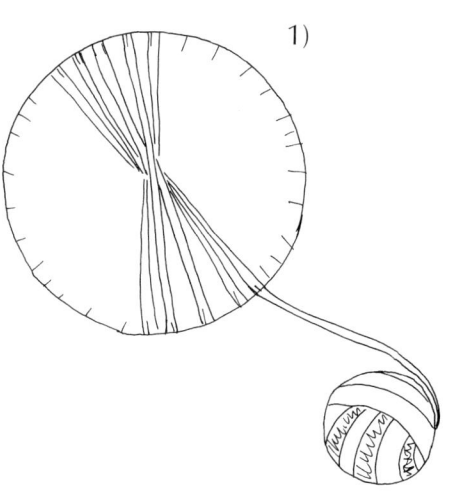

1)

Nach dem gleichen Muster weben die Kinder nun eine weitere Halbkugel. Beide Halbkugeln nähen sie anschließend zusammen. Lediglich ein kleiner Spalt bleibt offen. Durch diesen füllen die Kinder mithilfe des Trichters Reis in den Jonglierball. Ist der Ball prall gefüllt, wird auch der kleine Spalt zugenäht. Dann kann das Jonglieren losgehen.

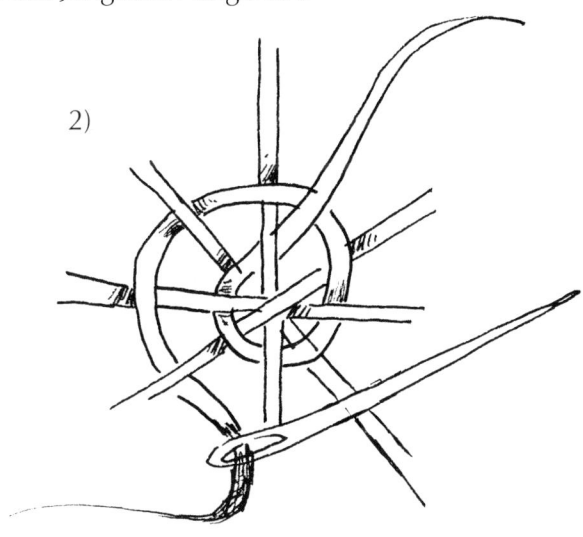

2)

© Verlag an der Ruhr Postfach 10 22 51
45422 Mülheim an der Ruhr www.verlagruhr.de

Textiles Gestalten heißt: Gestalten mit dem Faden

Aktivitäten rund um Wolle, Faden, Band und Zwirn

Wolle, Faden, Band und Zwirn sind biegsame, formbare Materialien. Sie lassen sich legen, wickeln, drehen oder zwirbeln und entwickeln dadurch eine eigene gestalterische Dynamik. Der gesponnene Faden ist das Anfangsprodukt einer jeden geschlossenen textilen Fläche. Ganz gleich, ob es sich dabei um eine gestrickte oder gewebte Fläche handelt. Wolle, Faden, Band und Zwirn haben für Kinder einen hohen Aufforderungscharakter. Sie können damit Flächen entstehen lassen, verdichten oder schließen.

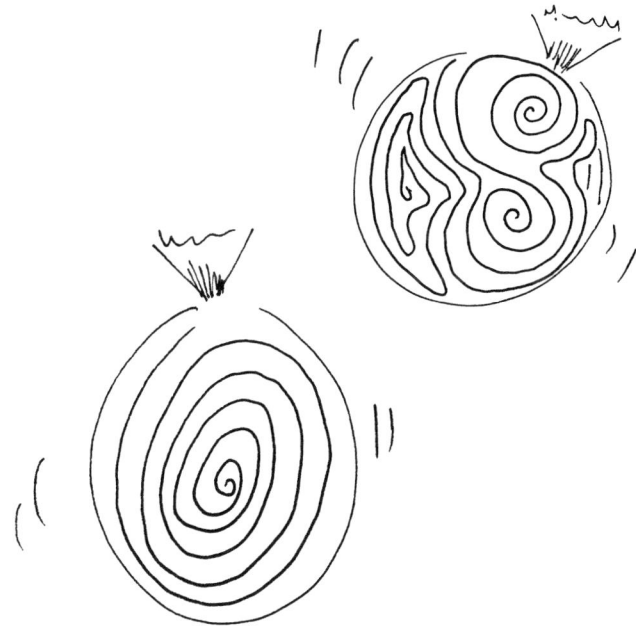

Ein Muster aus Wolle

Experimentierfreude, Motorik, Technik, Fantasie, Kreativität,
Wahrnehmung

Material: Wolle, Karton, Klebstoff, Schere, Bleistift

Kinder lieben bunte Muster. Warum diese Muster immer nur malen – man
kann sie doch auch einmal aus Wolle legen.
Mit Bleistift zeichnen die Kinder ein Muster auf den Karton. Dieses Muster
legen sie anschließend mit Wolle vollständig aus. Die einzelnen Flächen
füllen die Kinder mit Fadenspiralen, Schlangenlinien oder einzelnen Wollfäden. Während des Auslegens fixieren die Kinder die Fäden mit Klebstoff.

Bierdeckelbilder

Experimentierfreude, Motorik, Technik, Fantasie, Kreativität, Wahrnehmung

Material: runde Bierdeckel, Wolle, Klebstoff, Schere, großer Bogen fester Karton, Musterklammern

Der Bierdeckel gibt den Kindern die Form vor, die sie legen sollen und an der sie sich beim Legen orientieren können.

Zu Beginn fixieren die Kinder den Faden im Mittelpunkt ihres Bierdeckels mit Klebstoff. Anschließend führen sie den Faden in einer Spirale von innen nach außen. Sinnvoll ist es, wenn die Kinder zuerst ein Stück der Fläche mit Klebstoff bestreichen und dann den Faden legen. Die Kinder dürfen mehrere Farben verwenden. Dabei müssen sie darauf achten, das Ende und den Anfang jedes Fadens gut zu fixieren.

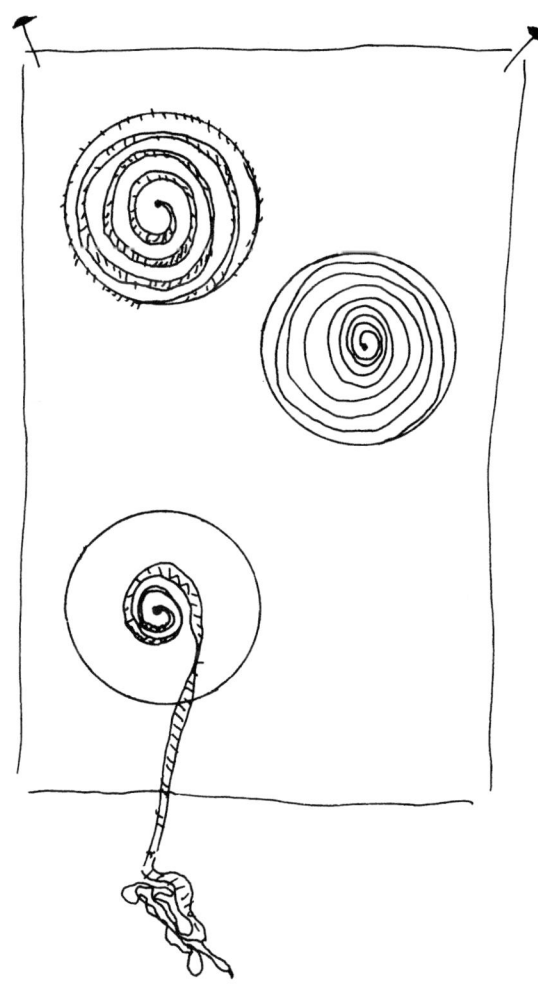

Hat jedes Kind seinen Bierdeckel auf diese Weise gestaltet, bohren sie in die Mitte des Bierdeckels ein Loch. Durch dieses Loch führen die Kinder ihre Musterklammer. Mithilfe der Musterklammer und vorgebohrten Löchern befestigen sie nun ihre Bierdeckel auf dem großen Karton.

Eine plastische Farbmusterkarte

ab 5 Jahre

Experimentierfreude, Motorik, Technik, Fantasie, Kreativität, Wahrnehmung, Kooperation, soziale Kompetenz, Interaktion

Material: viele Streichholzschachteln, Klebstoff, Wolle, großer Bogen fester Karton

Kinder lieben das Sortieren. Wolle kann eine wahre Fundgrube sein, wenn es darum geht, sie nach Farbnuancen zu ordnen und daraus Muster zusammenzustellen.
Die Kinder umwickeln die Streichholzschachteln mit einfarbiger Wolle. Zu Beginn fixieren sie den Faden am äußersten Punkt der Streichholzschachtel mit Klebstoff. Dann wickeln sie den Faden in Richtungen gegenüberliegender Seite, sodass ein Faden neben dem anderen liegt. Der Faden ist währenddessen immer stramm gezogen. Am anderen Ende der Streichholzschachtel angekommen, fixieren die Kinder die Wolle erneut mit Klebstoff. Haben die Kinder auf diese Weise genügend Streichholzschachteln in verschiedenen Farben umwickelt, beginnen sie mit dem Sortieren und Fixieren der gestalteten Streichholzschachteln. Farben, die sich am ähnlichsten sind, kleben sie entweder übereinander oder nebeneinander auf den großen Bogen Karton. Wer möchte, kann sie auch zu Formen zusammensetzen.

Drahtfiguren

ab 6 Jahre

Experimentierfreude, Motorik, Technik, Fantasie, Kreativität, Wahrnehmung

Material: Draht (2 mm dick), Drahtzange, Wolle oder Bast, Klebstoff, Schere

Draht erhält Farbe, wenn man ihn mit bunter Wolle umwickelt.
Die Kinder formen aus Draht eine Figur, z.B. ein Herz. Diese Figur umwickeln sie anschließend mit Wolle oder Bast. Sowohl den Fadenanfang als auch das Fadenende knoten die Kinder am Draht fest und fixieren sie mit Klebstoff.
Aus diesen Drahtfiguren können die Kinder z.B. sehr schöne Baumbehänge für Ostern oder Weihnachten herstellen.

 © Verlag an der Ruhr Postfach 10 22 51
45422 Mülheim an der Ruhr www.verlagruhr.de

Tipp: Auch zugeschnittene Stegmotive aus Karton (siehe Zeichnung) lassen sich umwickeln.

Wickelbilder

ab 6 Jahre

Experimentierfreude, Motorik, Technik, Fantasie, Kreativität, Wahrnehmung, soziale Kompetenz, Interaktion, Kooperation

Material: fester Karton, Wolle, Schaschlikspieße, Schere, Klebstoff

Ein unscheinbarer Kartonrest gewinnt an Schönheit, sobald er Farbe erhält. Eine Möglichkeit, diesem Kartonrest Farbe zu geben, ist es, ihn mit Wolle zu umwickeln.

Die Kinder malen auf den Karton ein Muster aus einfachen Formen (Dreiecke, Quadrate, Kreise, Halbkreise, Rechtecke usw.). Diese Formen schneiden sie anschließend aus und umwickeln sie beidseitig mit Wolle. Die Kinder legen die Wollfäden so dicht aneinander, dass die Kartonfarbe nicht mehr zu sehen ist. Dabei wickeln sie immer von einer Seite zur anderen. Der Faden ist währenddessen immer stramm gezogen. Zu Beginn fixieren die Kinder den Faden an der einen Seite der Form mit Klebstoff. Das Ende des Fadens schieben die Kinder mit etwas Klebstoff unter die gewickelte Wolle. Jetzt befestigen die Kinder immer zwei ihrer Formen mit Wollfäden an einem Schaschlikspieß. Diese Schaschlikspieße ordnen sie anschließend zu einem Mobile an.

Wickelvase

Experimentierfreude, Motorik, Technik, Fantasie, Kreativität, Wahrnehmung

Material: alte Flasche (kann auch eine Plastikflasche sein), Wolle oder Bast, Klebstoff, Schere

Umwickeln die Kinder eine alte Flasche mit Wolle oder Bast, wird daraus ganz einfach eine wunderschöne Blumenvase.
Die Kinder wickeln den Faden um die Flasche. Sie beginnen damit randbündig am Flaschenboden. Zuerst fixieren die Kinder den Fadenanfang mit Klebstoff an der Flasche. Dann wickeln sie langsam Faden neben Faden bis hinauf zum Flaschenhals. Die Kinder können mit dem Faden aber auch Muster legen (siehe Zeichnung). Es empfiehlt sich, auch mehrmals während des Wickelns den Faden mit Klebstoff an der Flasche festzukleben. Sind die Kinder am Flaschenhals angekommen, fixieren sie auch dort den Faden mit Klebstoff.

Tipp: Ebenso kann man Styroporkugeln mit Wolle, Bast oder verschiedenen Kordeln umwickeln. So entstehen wunderschöne Weihnachtskugeln oder Figuren für ein Mobile.

Aber ich kann doch gar nicht textil gestalten!

Zwirnanhänger

ab 6 Jahre

Experimentierfreude, Motorik, Technik, Fantasie, Kreativität, Wahrnehmung

Material: Draht (2 mm dick), Drahtzange, Gold- oder Silberfaden oder Zwirn, Schere

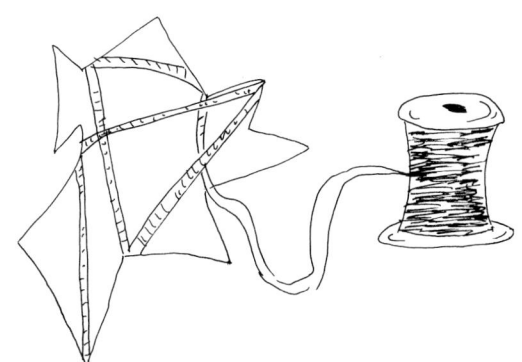

Die Kinder formen aus Draht eine zackige Figur. Anschließend spannen sie den Zwirn oder den Gold- bzw. Silberfaden kreuz und quer über die gesamte Figur. So entsteht innerhalb der Drahtfigur eine Art Netz (siehe Zeichnung).

Paketbandkugeln

ab 6 Jahre

Experimentierfreude, Motorik, Technik, Fantasie, Kreativität, Wahrnehmung

Material: Luftballons, Paketband, Leim, Wasser

Mit Paketband und Luftballons gestalten die Kinder dreidimensionale Objekte auf verblüffend einfache Art und Weise.
Die Kinder blasen den Luftballon auf. Anschließend tauchen sie das Paketband in mit Wasser verdünnten Leim. Das so getränkte Band wickeln die Kinder kreuz und quer über den Luftballon. Über Nacht müssen die Fäden dann trocknen. Am nächsten Tag zerstechen die Kinder den Luftballon mit einer Nadel. Das getrocknete Paketband aber bleibt als Kugel plastisch stehen.

Fäden ziehen

Experimentierfreude, Motorik, Technik, Fantasie, Kreativität,
Wahrnehmung,

Material: grober Stoff (Leinen, Baumwolle oder Kartoffelsack)

Stoffe haben eine Webstruktur aus so genannten Kett- und Schussfäden.
Werden diese Fäden aus dem Gewebe gezogen, so entstehen Löcher.
Die Kinder experimentieren an einem unregelmäßig zugeschnittenen Stück
Stoff, indem sie an verschiedenen Stellen Schuss- und Kettfäden herauszie-
hen. Interessant wird es dann, wenn mehrere Fäden nebeneinander aus
dem Stoff herausgezogen werden. Dabei entstehen interessante Lochmuster.

 Tipp: Entfernen die Kinder Fäden direkt an den Außenkanten,
so entstehen Fransen.

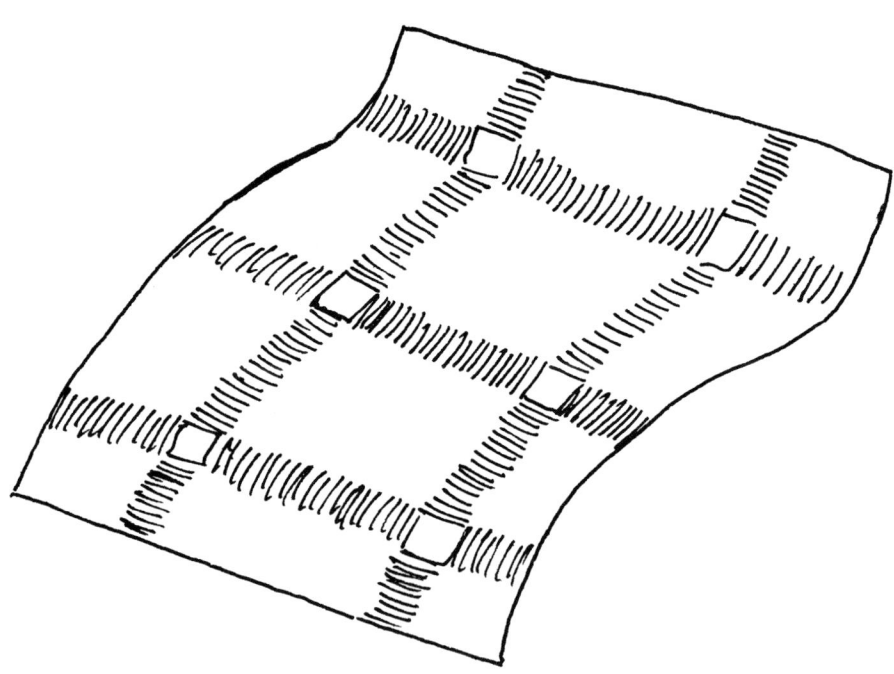

Nagelbilder

Experimentierfreude, Motorik, Technik, Fantasie, Kreativität, Wahrnehmung

Material: Holzbretter, Nägel, Hammer, Wolle

Durch das Spannen von Fäden entlang kleiner, willkürlich in das Holz eingehauener Nägel entstehen Fadenmuster.
Die Kinder hauen beliebig viele Nägel in das Holzbrett. Sie befestigen einen Wollfaden mithilfe eines Knotens an einem beliebigen Nagel. Dann spannen sie diesen Wollfaden von Nagel zu Nagel.
So entsteht ein interessantes Fadenmuster. Das Muster wird um so interessanter, desto buntere Wolle die Kinder verwenden.

Glitschige Zauberbilder

Experimentierfreude, Motorik, Technik, Fantasie, Kreativität, Wahrnehmung

Material: Wasserfarbkasten, Zeichenpapier DIN A 3, dicker Katalog oder zwei schwere Bücher, Pinsel, Zeitungen, zwei Wollfäden (je 30 cm lang)

Die Kinder färben die Wollfäden mit dem Pinsel ein, bis sie glitschig und mit Farbe angereichert sind. Sie müssen die Fäden nicht einfarbig anmalen, sondern dürfen für einen Faden auch mehrere Farben verwenden. Die Kinder legen Zeichenpapier in den in der Mitte aufgeschlagenen Katalog oder auf ein Buch. Darauf platzieren sie ihre bemalten Fäden und legen ein weiteres Zeichenpapier darüber. Ein Stück des Wollfadens sollte dabei über den Katalog- bzw. Buchrand hinausragen. Dann wird der Katalog zugeklappt bzw. das zweite Buch aufgelegt. Jetzt müssen die Kinder zuerst einen Zauberspruch sprechen:

> „Wolle hin, Wolle her, Zauberbilder sind nicht schwer.
> Bunt sind sie und weiß, was uns gleich das Bild beweist."

Mit einer Hand üben die Kinder nun leichten Druck auf den Katalog oder die Bücher aus, mit der anderen Hand ziehen sie den Faden zwischen den Seiten heraus. Dann öffnen sie den Katalog oder die Bücher.

Quasten und Bommeln

Experimentierfreude, Motorik, Technik, Fantasie, Kreativität, Wahrnehmung

Material: Wolle, Schere, fester Karton, Wollfaden (ca. 20 cm lang)

Quasten und Bommel kennen Kinder von ihren Wintermützen. Wie die Kinder sie selber machen können und was sich daraus gestalten lässt, zeigt das folgende Angebot.

Quasten: Aus dem Karton wird ein 5 x 10 cm großes Rechteck geschnitten. Über dieses Rechteck legen die Kinder den 20 cm langen Wollfaden (siehe

Zeichnung). Dann wickeln die Kinder über die 10 cm lange Seite ungefähr 1–2 cm dick Wolle. Danach binden die Kinder mit dem bereits auf dem Karton befindlichen 20 cm langen Wollfaden die Wollschlaufen auf einer

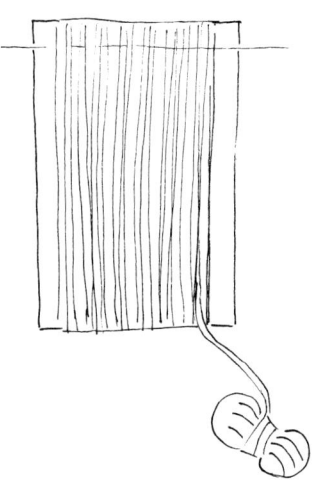

Seite zusammen. Jetzt entfernen sie die gewickelte Wolle von dem Karton. Mit einem weiteren Faden binden die Kinder den Quastenkopf ab (siehe Zeichnung). Anschließend schneiden sie die Wollschlaufen auf der nicht abgebundenen Seite auf.

Tipp: Die Kinder können ihre selbstgemachten Bommel nun an eine Mütze oder an einen Schal nähen. Eine andere Möglichkeit ist, sie einfach als Verzierung an die Schultasche zu binden.

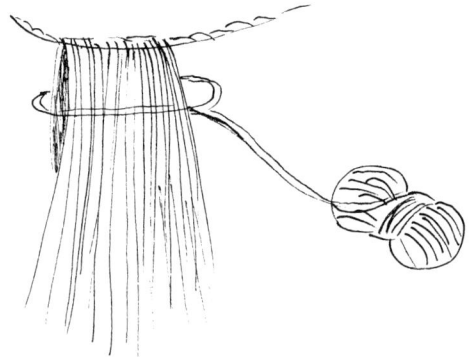

Bommeln: Die Kinder schneiden aus dem Karton ein 8 x 8 cm großes Quadrat zu. Über dieses Quadrat wickeln sie ungefähr 1–2 cm dick Wolle. Danach lösen sie die Wolle vorsichtig von dem Karton und binden diese mit dem 20 cm langen Wollfaden in der Mitte fest zusammen (siehe Zeichnung). Dadurch entstehen zwei gleich große Schlaufenseiten, die die Kinder anschließend gleichmäßig aufschneiden.

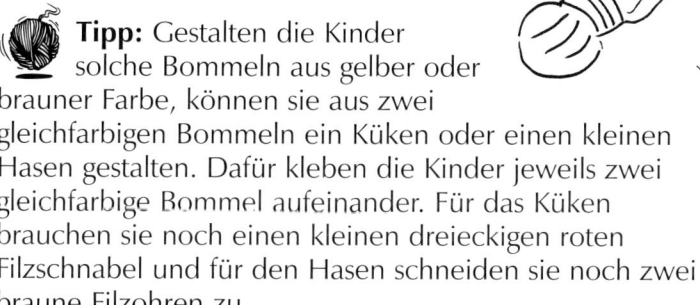

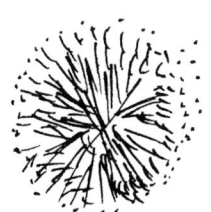

 **Tipp:** Gestalten die Kinder solche Bommeln aus gelber oder brauner Farbe, können sie aus zwei gleichfarbigen Bommeln ein Küken oder einen kleinen Hasen gestalten. Dafür kleben die Kinder jeweils zwei gleichfarbige Bommel aufeinander. Für das Küken brauchen sie noch einen kleinen dreieckigen roten Filzschnabel und für den Hasen schneiden sie noch zwei braune Filzohren zu.

Gestalterische Fadenspiele

Spiele können zu kreativem gestalterischen Tun mit Seilen, Fäden und Bändern Anlass geben.

Wir flechten einen Zopf
ab 6 Jahre

Experimentierfreude, Motorik, Technik, Wahrnehmung, Interaktion, Kooperation, soziale Kompetenz, Bewegung

Material: drei breite Geschenkbänder oder Seile (ungefähr 1,80 m) für jede Gruppe

Bei diesem Angebot flechten die Kinder in der Gruppe unter Einsatz des ganzen Körpers Zöpfe.

Vier Kinder arbeiten zusammen in einer Gruppe. Gemeinsam flechten sie unter Einsatz des ganzen Körpers einen Zopf. Jede Gruppe erhält drei Schnüre. In diese drei Schnüre machen die Kinder an einem Ende einen Knoten. Diesen Knoten hält ein Kind aus der Gruppe fest. Die anderen drei Mitspieler nehmen sich jeweils ein Seilende. Nun gilt es, durch Laufbewegungen, Springen und Krabbeln einen Zopf zu flechten, ohne dass jemand den Faden loslässt oder Knoten entstehen.

Raumspinnennetz ab 5 Jahre

Motorik, Interaktion, Kooperation, soziale Kompetenz

Material: Wolle

Wie wäre es mit einer spinnennetzartigen Raumskulptur, an der alle Kinder spielerisch beteiligt sind?
Die Kinder bilden einen Kreis, der den gesamten Raum umfasst. Ein Kind bindet sich den Anfang eines Wollknäuels um den Bauch. Mit den Worten „Ich schenke dir das Wollknäuel, weil …" wirft es dann das Wollknäuel zu einem anderen Kind. Dieses Kind führt das Wollknäuel einmal um seinen Körper und wirft es mit denselben Worten an das nächste Kind weiter.
Das Spiel wird so lange gespielt, bis ein dichtes Fadennetz entstanden ist.

Wegebilder ab 5 Jahre

Experimentierfreude, Motorik, Technik, Fantasie, Kreativität, Wahrnehmung, Kooperation, soziale Kompetenz, Interaktion

Material: Wolle, dicker Zeichenkarton oder Tonpapier, Klebstoff, Filzstifte

Die Kinder bilden Zweiergruppen. Jede Zweiergruppe hat einen Bogen Tonpapier oder Zeichenkarton zur Verfügung. Die Kinder legen mit Filzstift einen Ausgangspunkt A und einen Endpunkt B auf dem Tonpapier fest. Jetzt suchen sie nacheinander verschiedene gewundene Wege, auch Umwege, von A nach B. Diese Wege legen die Kinder mit Wolle und kleben diese fest.

 © Verlag an der Ruhr Postfach 10 22 51 45422 Mülheim an der Ruhr www.verlagruhr.de

Fadenspiralen

ab 5 Jahre

Experimentierfreude, Motorik, Technik, Fantasie, Kreativität, Wahrnehmung

Material: Flöte, Filzstifte, Paketband oder Wolle, Klebstoff, Zeichenkarton

Das Legen von Formen ist besonders reizvoll, wenn die Motive durch Töne vorgegeben werden. Paketband ist grober als Wolle und ergibt einen stärkeren plastischen Effekt, wenn Kinder damit Formen legen.
Der Spielleiter stimmt mehrmals Töne in verschiedenen Tonlängen an.
Die Kinder halten die Tonlänge als Spirale fest. Sie malen pro Ton mit Filzstift eine Spirale auf den Zeichenkarton. Je länger der Ton gehalten wird, desto größer wird die Spirale. Anschließend legen die Kinder die festgehaltenen Spiralspuren mit Paketband oder Wolle nach und fixieren sie mit Klebstoff.

Kordeldrehen

ab 6 Jahre

Motorik, Technik, Fantasie, Kreativität, Wahrnehmung

Material: Schere, Wolle

Handgedrehte Kordeln kann man benutzen, um gelochte Blätter zusammenzubinden. Aber auch als Haarband oder Geschenkband sieht eine solche Kordel wunderschön aus.
Die Kinder schneiden sich ungefähr 8 Wollfäden zu 2 m Länge. Die Wollfäden werden zusammengefasst und an einem Ende miteinander verknotet. Anschließend binden die Kinder die verknoteten Wollfäden z.B. an der Türklinke fest. Das andere Ende der Wollfäden halten die Kinder in der Hand. Nun kann das Drehen beginnen. Die Kinder drehen die Fäden so lange in eine Richtung, bis die entstehende Kordel sich zu zwirbeln beginnt. Dann hängt ein anderes Kind eine Schere in die Mitte der Kordel ein, löst das andere Ende von der Türklinke und nimmt beide Enden in eine Hand. Im Nu dreht sich die Schere um die eigene Achse und lässt eine Kordel entstehen. Jetzt verknoten die Kinder noch das offene Ende und fertig ist die handgedrehte Kordel.

Aber ich kann doch gar nicht textil gestalten!

Textiles Gestalten heißt: Mit Stoffen gestalten

Aktivitäten von Stoffbildern bis zum Patchwork

Mit textilem Gestalten verbinden die meisten Menschen den Umgang mit Stoff, Nadel und Faden. Mit Stoff kann man jedoch auch ohne Nadel und Faden arbeiten. Aufgrund der Tatsache, dass Stoffe weich, bunt, biegsam und großflächig sind, bieten sie vielfältige Gestaltungsmöglichkeiten. Die Kinder können sie zerschneiden, auffädeln, abbinden, aufkleben oder miteinander verbinden. Stoffe erlauben es aber auch, großflächig zu arbeiten und bieten eine Spielwiese für alle, die gerne dekorieren. Aus all diesen Gründen sind Stoffe ein spannendes und taktil bereicherndes Gestaltungsmaterial, das einen großen Freiraum für die schöpferischen Kräfte der Kinder in sich birgt. Die Kinder benötigen zur Stoffgestaltung keine teuren Meterstoffe. Stoffreste oder alte Textilien eignen sich ebenfalls sehr gut dafür.

Socken-Bert

Experimentierfreude, Motorik, Technik, Fantasie, Kreativität, Wahrnehmung, soziale Kompetenz, Kooperation, Interaktion

Material: Socken, roter Filz, Klebstoff, Schere, Perlen oder Wolle, Knöpfe, Bänder, Nadel, Faden

Die Handpuppen aus Socken sind rasch gefertigt und geben schon beim Gestalten Anlass zum Spiel. Die Socke wird so über die linke Hand gestreift, dass die Sockensohle auf der offenen Handfläche aufliegt. Wird die Hand geschlossen (Daumen und Finger zusammenführen) und dann wieder geöffnet, so hat es den Anschein, als würde das „Socken-Bert"-Lebewesen sein Maul bewegen.

Die Kinder schneiden ein handflächengroßes Oval aus rotem Filz aus und kleben es als Mund auf die Sockensohle. Schließen die Kinder die Hand, können sie oben auf den Fingern zwei Perlen oder Knöpfe als Augen aufkleben oder aufnähen. Eine weitere Perle dient als Nase. Mit Wolle gestalten die Kinder der Handpuppe noch eine flotte Frisur. Natürlich sind der weiteren Ausgestaltung der Figuren keine Grenzen gesetzt.

Sobald die Handpuppen fertig sind, kann das Spiel beginnen.

Spieltipp: Wird ein mit Löchern versehenes Leintuch aufgehängt, durch welches nur die Handpuppen hindurch schauen, bekommen auch weniger mutige Kinder Lust, sich einzubringen. Besonders dann, wenn ihre Puppen sich zu einer eingespielten Musik bewegen und mitsingen können. Das Lied aus der Sesamstraße: „Manamana dü düü dü dü dü" eignet sich sehr gut.

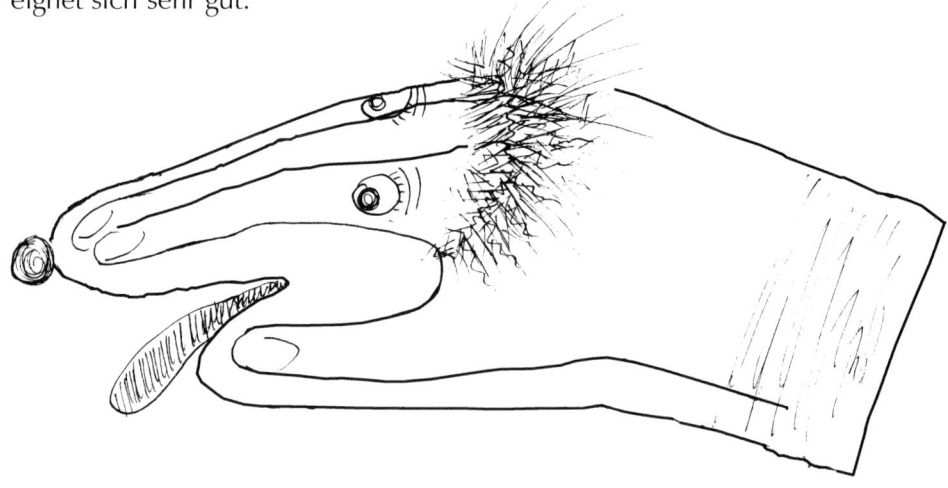

Aber ich kann doch gar nicht textil gestalten!

Waschlappen-Rudi

Experimentierfreude, Motorik, Technik, Fantasie, Kreativität,
Wahrnehmung, soziale Kompetenz, Kooperation, Interaktion

Material: Waschlappen, Wolle, Perlen, Knöpfe, Klebstoff, Nadel,
Faden, Filzreste

Die Kinder ziehen den Waschlappen über ihre Hand. Mit Nadel und Faden
oder Klebstoff befestigen sie Perlen oder Knöpfe auf einer Waschlappenseite.
So bekommt Rudi Augen und eine Nase. Anschließend kleben die Kinder
noch einen Mund aus einem roten Filzstück auf. Durch das Abbinden zweier
Waschlappenecken mit Wolle können sie ihm auch noch Ohren gestalten.
Zum Schluss fertigen die Kinder aus Wolle eine witzige Frisur.
Es gibt noch weitere vielfältige Möglichkeiten, um die Figuren zum Leben zu
erwecken. Kinder sind dabei sehr erfinderisch.
Wie wäre es, im Anschluss an das Gestalten der Waschlappen-Rudis mit
einem kleinen Handpuppenspiel?

Tuchgeister

Experimentierfreude, Motorik, Technik, Fantasie, Kreativität, Wahrnehmung

Material: Styroporkugel (10 cm Durchmesser), einen Rundholzstab (70 cm lang und 1 cm breit), zwei Rundholzstäbe (50 cm lang und 1/2 cm breit), quadratisches Stofftuch (ca. 90 x 90 cm), Wolle, Kunstpelz, Schere, Heißklebepistole oder Reißzwecken

Tuchgeister sind Stabpuppen, die auch im Schattenspiel eingesetzt werden können. Sie sind einfach und schnell herzustellen und erzielen je nach Ausgestaltung verblüffende Effekte.
Die Kinder ermitteln den Mittelpunkt des Tuches, indem sie dieses zweimal in der Hälfte falten. Genau in diesem Mittelpunkt fixieren die Kinder den längsten Rundholzstab mit Klebstoff oder einer Reißzwecke. Dieser Stab ist der Haltestab des Tuchgeistes. Nehmen die Kinder diesen in die Hand, fällt das Tuch als Gewand des Geistes über den Stab. Dort, wo Tuch und Stab miteinander verbunden wurden, kleben die Kinder die Styroporkugel als Kopf auf. Dann befestigen sie mit Klebstoff oder Reißzwecken die beiden anderen Rundholzstäbe an zwei einander gegenüberliegenden Tuchspitzen. Mit diesen beiden Stäben bewegen die Kinder die „Arme" des Tuchgeistes.
Nun beginnen die Kinder mit der Ausgestaltung des Kopfes. Dabei sind ihrer Fantasie keine Grenzen gesetzt. Mit Wolle oder Kunstpelz können sie seine Haarpracht gestalten, mit Filzstiften malen sie
dem Tuchgeist ein Gesicht.

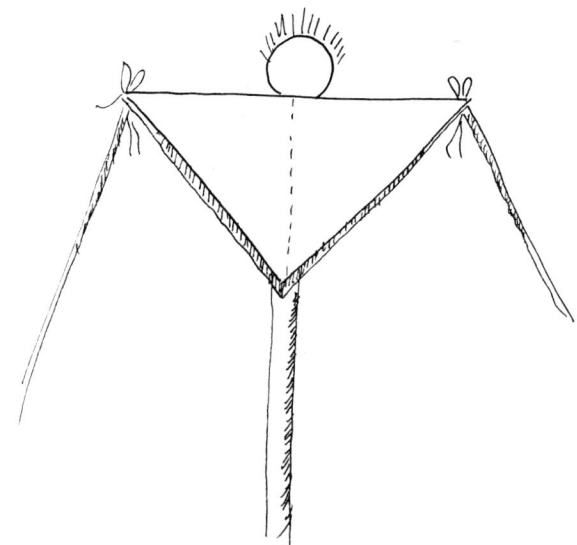

© Verlag an der Ruhr · Postfach 10 22 51
45422 Mülheim an der Ruhr · www.verlagruhr.de

Tragetaschen-Kuschelkissen ab 8 Jahre

Experimentierfreude, Motorik, Technik, Fantasie, Kreativität, Wahrnehmung

Material: Leinen-Umwelttragetaschen, Füllwatte, Schere, Nadel, Faden, Nähmaschine

Für Kinder, die gerade lernen, die erste Naht auf der Nähmaschine zu nähen, ist dieses Angebot ideal.

Für fast jeden Anlass werden heute Leinentragetaschen als Erinnerungsstücke bedruckt. Aus diesen Tragetaschen lassen sich ganz einfach wunderschöne Kissen schneidern.

Als erstes schneiden die Kinder die Tragriemen ab. Anschließend stülpen sie die Tasche nach links und nähen die offene Seite mit Nadel und Faden oder der Nähmaschine zu. Die Kinder schließen die Naht jedoch nicht ganz, sondern lassen eine etwa 5 cm große Lücke offen. Durch diese Lücke stülpen sie das Kissen wieder nach rechts und füllen es in einem weiteren Schritt mit Füllwatte. Zuletzt nähen die Kinder die verbliebene Öffnung mit ein paar Stichen zu.

Fertig ist das Tragetaschen-Kuschelkissen.

Füllwatte

Armband aus Papas altem Hemd

ab 5 Jahre

Experimentierfreude, Motorik, Technik, Fantasie, Kreativität, Wahrnehmung

Material: eine noch gut erhaltene Knopfmanschette von einem alten Hemd, Nadel, Faden, Filz, Vliesofix, Klebstoff, Schere, Knöpfe, Perlen, Pailletten und andere kleine Kostbarkeiten

Schneiden die Kinder die Manschette eines Hemdes sauber ab, gibt diese ihnen ein bereits gesäumtes Armband vor. Diese Manschette gestalten die Kinder zu einem dekorativen Armband um.
Die Kinder nähen Knöpfe, Perlen, Pailletten usw. auf die Manschette.
Kinder, die noch nicht mit Nadel und Faden umzugehen wissen, kleben die Materialien auf.
Eine andere Möglichkeit, das Armband zu gestalten, ist das Zuschneiden von Filzmotiven, die die Kinder mit Vliesofix auf die Manschette aufbügeln oder mit Klebstoff aufkleben.

Stoffpuppe

ab 7 Jahre

Experimentierfreude, Motorik, Technik, Fantasie, Kreativität, Wahrnehmung

Material: drei quadratische Stoffstücke (einmal 26 x 26 cm und zweimal 42 x 42 cm), Wolle, Klebstoff oder Nadel und Faden, Perlen, Knöpfe, Filzstifte usw.

Die Kinder rollen ein kleines und ein großes Stoffstück jeweils zu einer Rolle zusammen. Diese beiden Stoffrollen schieben sie ineinander und binden sie mit Wolle überkreuz zusammen (siehe Zeichnung). So entstehen Kopf, Rumpf, Arme und Beine der Puppe.
Damit Hände und Füße entstehen, binden die Kinder die Arme und Beine jeweils am unteren Ende mit Wolle ab. Nun falten sie das dritte Stück Stoff zweimal in der Hälfte und schneiden es entsprechend der Zeichnung ein.
Das so entstandene Kleidchen ziehen sie der Puppe über den Kopf und binden es eventuell in der Taille zusammen.

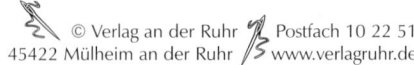 © Verlag an der Ruhr Postfach 10 22 51
45422 Mülheim an der Ruhr www.verlagruhr.de

Die Kinder können jetzt mit Wolle Zöpfe flechten. Diese befestigen sie mit Klebstoff oder einigen Nadelstichen am Kopf der Puppe. Ein Gesicht aus Perlen, Knöpfen oder mit Filzstift aufgemalt vervollständigt die Stoffpuppe.

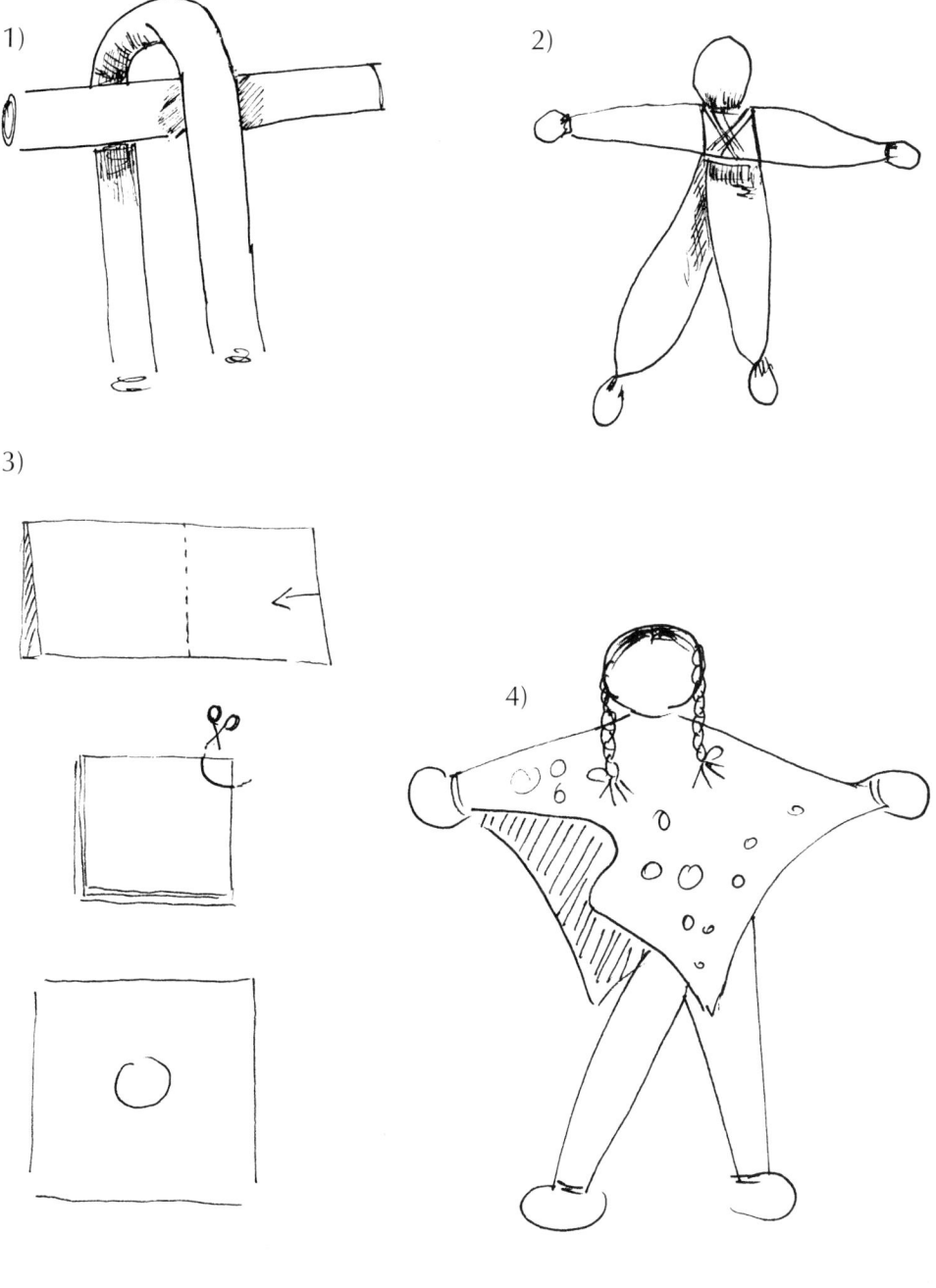

1)

2)

3)

4)

Springclown

Experimentierfreude, Motorik, Technik, Fantasie, Kreativität, Wahrnehmung

Material: zwei quadratische Stoffstücke (15 x 15 cm), Filz, Holzkugel (4 cm), Wolle oder Kunstpelz, Reis, Trichter, Nadel und Faden, eventuell auch Nähmaschine, Gummi, Heißklebepistole

Die Kinder legen die beiden quadratischen Stoffstücke randbündig mit den Stoffmusterseiten nach innen aufeinander und nähen sie rundherum zu. Dabei müssen sie darauf achten, dass an einer Seite ein 2 cm großes Loch offen bleibt. Durch dieses Loch stülpen sie das genähte Stoffstück wieder auf die Stoffmusterseite um und füllen in einem weiteren Schritt Reis ein. So erhält der Clown seinen Körper. Nun nähen die Kinder das verbliebene Loch zu. In der Mitte einer Naht kleben die Kinder mit der Heißklebepistole die Holzkugel als Kopf fest. Aus dem Filz schneiden sie nun zwei 4 cm große Füße und zwei ebenso große Fäustlinge. Die Füße fixieren sie entsprechend der

Zeichnung an der unteren Naht, die beiden Hände je an einer der beiden Seitennähte. Aus Kunstpelz oder Wolle fertigen die Kinder dem Clown eine kleine Perücke. Das Gesicht malen sie mit Filzstiften auf. Des Weiteren können die Kinder dem Clown, frei nach ihren Ideen, noch viele Accessoires hinzufügen. Zuletzt binden sie ein Gummi um den Hals des Clowns. Fertig ist der Springclown.

Fäustling

Fuß

Kleiderbügelfratze

Experimentierfreude, Motorik, Technik, Fantasie, Kreativität, Wahrnehmung

Material: Drahtkleiderbügel (erhältlich in Reinigungen), eine alte Strick- oder Nylonstrumpfhose, Filzreste, Klebstoff, Schere, Faden, Nadel, Wolle, Watte, unbesponnene Wolle, Knöpfe, Perlen usw.

Auch aus einer alten Strickstrumpfhose lassen sich noch interessante Dinge gestalten. Wie wäre es mit fratzenartigen Gesichtern, die später als Gemeinschaftswerk im Raum aufgehängt werden können?
Die Kinder zerschneiden die Strumpfhose in zwei Beine. Jedes Bein reicht für eine Fratze. Zuerst biegen die Kinder den Drahtkleiderbügel in eine Kopfform. Dann schieben sie den Bügel so weit in ihr Strumpfbein, dass dieser im Fuß Halt findet. Dort bohren die Kinder den Haken durch den Stoff nach außen, sodass das Gesicht einen Aufhänger erhält. Das restliche Beinstück binden die Kinder eng am Draht ab und schneiden den überstehenden Stoff ab.
Dann kann das Ausgestalten der Fratze beginnen. Dazu stehen den Kindern bunte Filzreste zur Verfügung, die sie nach Belieben zuschneiden und zu einem Gesicht aufkleben können. Aber auch mit Perlen oder Knöpfen können die Kinder der Fratze ein Gesicht gestalten. Wer möchte, kann die Nase auch plastisch aus dem Stoff heraus formen. Dazu legen die Kinder etwas Watte unter den Stoff und binden die Nase ab. Zum Schluss gestalten die Kinder einen Haarschopf aus gesponnener oder ungesponnener Wolle. Abschließend werden alle Fratzen als frei schwebende Objekte im Raum aufgehängt. Wer von den Kindern hat wohl die gruseligste und wer die lustigste Fratze gestaltet?

Stoffwindlicht

Motorik, Technik, Wahrnehmung

Material: transparente Stoffe (Seide, Tüll, dünnes Leinen usw.), Schere, Zick-Zack-Schere, Nadel und Faden oder eventuell Nähmaschine, Tacker oder Klebstoff, hohes Trink- oder Einmachglas, Teelicht, Streichholz

Stoffe wie Tüll, dünnes Leinen, Seide usw. sind aufgrund ihrer Beschaffenheit lichtdurchlässig. Aus ihnen lassen sich schnell und einfach mit Kindern dekorative Windlichtsäckchen gestalten.

Dazu nehmen die Kinder erst einmal Maß am Glas. Indem sie den Durchmesser des gewählten Glases mal Zwei nehmen, ermitteln sie die Breite ihres Stoffsäckchens. Die Höhe des Stoffsäckchens erhalten sie, indem sie die Glashöhe abmessen und diesem Maß ungefähr 5 cm hinzufügen. Diese ermittelten Maße übertragen die Kinder zweimal als Rechteck auf den Stoff und schneiden diese aus. Die beiden Rechtecke legen sie mit der Schauseite aufeinander und verschließen sie an drei Seiten. Die Kinder, die noch keine Erfahrung an der Nähmaschine haben und nicht von Hand nähen können, können die Nähte auch zusammentackern oder -kleben. Die noch offene Seite verschönern die Kinder, indem sie dort mit einer Zick-Zack-Schere einen schmalen Stoffstreifen abschneiden. Dann stülpen die Kinder ihr Säckchen durch die offene Seite auf die Schauseite des Stoffes. Zuletzt stellen sie das Glas mit dem angezündeten Teelicht in ihr Säckchen. Damit das Stoffsäckchen nicht rutscht, binden es die Kinder oben am Glas fest. Die Kinder werden von dem schimmernden Licht begeistert sein.

Fetzenwindlicht

Experimentierfreude, Motorik, Technik, Fantasie, Kreativität,
Wahrnehmung, Kooperation, soziale Kompetenz, Interaktion

Material: transparente Stoffreste (Seide, Tüll, dünnes Leinen usw.),
Stoffkleber, Zick-Zack-Schere, Schere, Glas oder alter Lampenschirm

Aus einem Glas oder einem alten Lampenschirm und bunten Stoffresten lassen sich
wunderschöne Windlichter herstellen.
Die Kinder schneiden die bunten, trans-
parenten Stoffe in gleich große Rechtecke. Diese kleben sie Runde um Runde
mit Stoffkleber von unten nach oben auf
das Glas oder den Lampenschirm. Die
einzelnen Rechtecke sollen sich dabei
gleichmäßig überlappen (siehe Zeichnung). Runde um Runde gestalten die
Kinder so ein kunterbuntes Fetzen-
windlicht.
Sind die Kinder am oberen Rand des
Glases oder des Lampenschirmes angekommen, ist das Windlicht fertig und
kann mit einem Teelicht beleuchtet
werden. Die Kinder müssen darauf
achten, dass keine Stoffrechtecke in
das Innere überstehen. Brandgefahr!

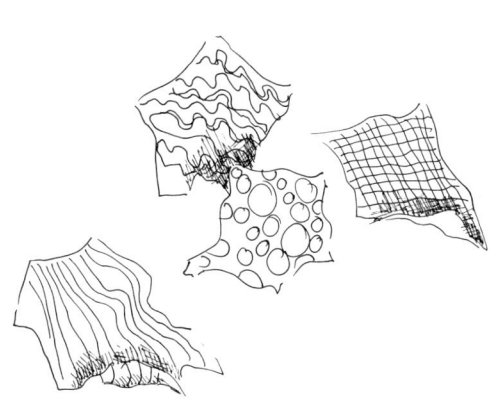

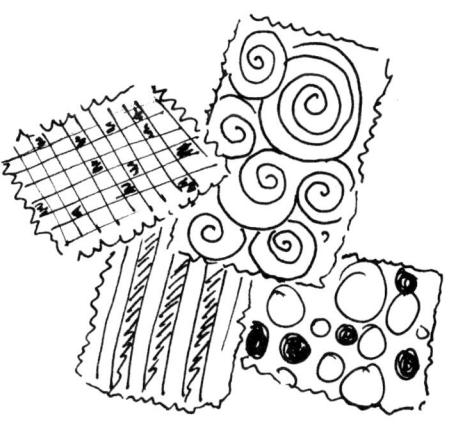

Schlüsselanhänger

ab 5 Jahre

Experimentierfreude, Motorik, Technik, Fantasie, Kreativität, Wahrnehmung

Material: Filmdöschen, schmale bunte Stoffgeschenkbänder, Alleskleber, Nagel, Hammer, Stopfnadel mit großem Nadelöhr

Gerade nach Weihnachten, Ostern oder einem Geburtstag fallen viele Geschenkbänder an, die meist später weggeschmissen werden. Dabei lassen sich noch die kleinsten Reste zum Bekleben von Filmdöschen einsetzen. Die Kinder hauen mit Hammer und Nagel sowohl in die Mitte des Bodens als auch in den Deckel des Filmdöschens ein kleines Loch. Dann beginnen die Kinder damit, das Filmdöschen Runde um Runde mit Geschenkband bunt zu bekleben. Zum Schluss fädeln sie ihren jeweiligen Schlüssel in ein schmales, ungefähr 50 cm langes Geschenkband. Jeweils ein Ende dieses Bandes ziehen die Kinder mithilfe einer Stopfnadel durch eines der beiden zuvor gebohrten Löcher. Der Schlüssel befindet sich jetzt zwischen Deckel und Filmdöschen. Abschließend verknoten sie die beiden Enden miteinander. Jetzt kann der Schlüssel nicht mehr verloren gehen!

Bänderalphabet

ab 6 Jahre

Experimentierfreude, Motorik, Technik, Fantasie, Kreativität, Wahrnehmung, Kooperation, soziale Kompetenz, Interaktion

Material: breite Stoffgeschenkbänder, 26 Bierdeckel, Filz, Schere, Alleskleber, großer Pappkartonbogen,

Die Kinder gestalten gemeinsam das Alphabet. Bei der Aufteilung des Alphabets (z.B. per Losverfahren), muss darauf geachtet werden, dass alle Buchstaben des Alphabets später auch vorkommen.
Die Kinder kleben mit den Stoffgeschenkbändern ihren erlosten Buchstaben als Großdruckbuchstabe auf einen Bierdeckel.
Zum Schluss kleben die Kinder ihre Buchstaben in der richtigen Reihenfolge zu einem großen Alphabet-Teppich auf den Pappkartonbogen.

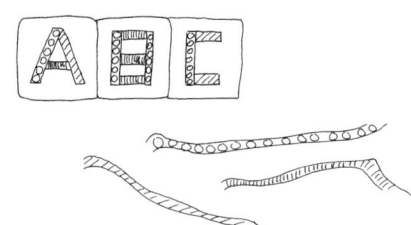

Patchworkäpfel

Experimentierfreude, Motorik, Technik, Fantasie, Kreativität, Wahrnehmung

Material: Styroporkugel in der Größe eines Apfels (viele Bastelläden bieten auch Styroporäpfel an), Messer, verschiedene rot, gelb und grün gemusterte Stoffe, Filz (grün und braun), Klebstoff

Nicht immer ist Patchworken mit Nähen verbunden. Dieses Angebot ermöglicht den Umgang mit Stoffresten auch ohne Faden.

Die Kinder schneiden die Styroporkugel senkrecht mit dem Messer rundherum so ein, dass tiefe Einkerbungen entstehen. Nun suchen sie sich Stoffreste aus, die ihnen für den Apfel gefallen. Diese schneiden die Kinder zurecht und legen sie über die entstandenen Styroporflächen. Mit der Kante einer stumpfen Schere oder eines stumpfen Messers drücken sie den Stoff rechts und links in die durch das Einschneiden entstandene Einkerbungen. Dabei müssen die Kinder darauf achten, dass der Stoff fest gespannt ist. Sind alle Styroporflächen so gestaltet worden, schneiden die Kinder aus braunem Filz einen 2 cm breiten und 6 cm langen Streifen zu. Diesen rollen sie zu einer Art Schnecke auf und kleben das Ende fest. So entsteht der Stiel des Apfels. Die Kinder schneiden aus grünem Filz ein Blatt aus, kleben dieses an den Stiel und beides zum Schluss an den Apfel.

 Tipp: Es gibt auch Styroporeier, sodass dieses Angebot auch entsprechend der Jahreszeiten variiert werden kann.

Patchworkbilder

Experimentierfreude, Motorik, Technik, Fantasie, Kreativität, Wahrnehmung

Material: Stoffreste, Papier, Klebstoff, Schere, Zick-Zack-Schere

Bei diesem Angebot werden die Stoffe zu einem Bild zusammengeklebt. Die Kinder schneiden die Stoffreste willkürlich mit der Schere zurecht.

Anschließend kleben sie diese auf Papier zu einem geschlossenen Patchworkteppich zusammen. Die Stoffreste dürfen sich dabei auch überlappen. Schneiden die Kinder die Stoffreste mit einer Zick-Zack-Schere zurecht, wirkt das Stoffbild nicht nur durch seine Farbvielfalt, sondern auch durch die zusätzlichen Zick-Zack-Kanten. Die Kinder entscheiden frei, ob sie abstrakt oder motivisch arbeiten.

Patchworklandschaft   ab 5 Jahre

Experimentierfreude, Motorik, Technik, Fantasie, Kreativität, Wahrnehmung

Material: Stoffreste, Tonpapier, Klebstoff, Schere

Bei diesem Angebot wird mit zugeschnittenen Stoffen eine Landschaft geklebt.
Dazu suchen sich die Kinder, je nachdem, was sie gestalten wollen, verschiedene Stoffe in einer Farbnuance zusammen. Möchten sie z.B. eine Wiese kleben, so suchen sie in den Stoffresten nach unterschiedlichen Grüntönen. Enthalten die Stoffreste zusätzlich Blumenmotive, entsteht gleichzeitig eine Blumenwiese. Natürlich können Blumen auch im Nachhinein aus Stoffen zugeschnitten und aufgeklebt werden. Auf diese Weise entstehen Sonne, Berge, Flüsse oder Häuser. Dabei müssen die Kinder nicht den gesamten Bogen Tonpapier bekleben. Bei entsprechender Farbauswahl bildet das Tonpapier einen passenden Hintergrund.
Viel Spaß bei der Herstellung der Stofflandschaft.

Stoffkarten   ab 5 Jahre

Motorik, Technik, Fantasie, Kreativität, Wahrnehmung

Material: Stoffreste, alte Stickdeckchen, Spitzen oder Borten, Passepartoutkarten, Klebstoff, Schere

Aus Stoffresten oder Omas alten Stickdeckchen lassen sich wunderschöne Karten erstellen. Viele Stoffe enthalten attraktive Einzelmotive, die es wert sind, isoliert in einer Passepartoutkarte Beachtung zu finden. Die Kinder suchen in den Stoffen nach Einzelmotiven, die ihnen gut gefallen und

 © Verlag an der Ruhr   Postfach 10 22 51
45422 Mülheim an der Ruhr   www.verlagruhr.de

denen sie gerne einen kleinen Rahmen geben möchten. Diese Motive schneiden sie in der Größe des Passepartoutrahmens plus 1 cm Stoffzugabe aus. Die gesuchten Motive kleben die Kinder jetzt hinter den Rahmen und versäubern die Rückseite mit dem zur Passepartoutkarte gehörigen Versäuberungsdeckblatt. Jetzt können die Glückwunschkarten geschrieben und versandt werden.

Stofftannenbaum
ab 7 Jahre

Motorik, Technik, Fantasie, Kreativität, Wahrnehmung

Material: Patchworkstoff mit dunkelgrünem Grund (ca. 40 x 40 cm), Nadel und Faden oder Tacker, Füllwatte, Ast mit Rinde, Blumentopf, Sand

Die Kinder legen den Stoff doppelt. Dabei müssen sie darauf achten, dass sie nun den Stoff beidseitig von der linken Seite sehen. Entsprechend der Zeichnung malen die Kinder auf den doppelt gelegten Stoff ein Dreieck, stecken es mit Stecknadeln zusammen und schneiden es aus. Die Kinder tackern oder nähen nun die beiden Langseiten des Dreiecks zusammen und entfernen die Stecknadeln. Nun verschließen sie noch die Kurzseite des Dreiecks. Doch aufgepasst! Genau in der Mitte dieser Kurzseite müssen die Kinder ein kleines Loch lassen. Durch dieses Loch ziehen die Kinder den Stoff wieder auf die rechte Seite und füllen in einem weiteren Schritt das Dreieck mit Füllwatte. Dadurch wird die Form plastisch. Nun schieben die Kinder einen kleinen Ast als Stamm durch die vorhandene Öffnung. Der Ast sollte bis in die Spitze des Dreiecks reichen, da der Tannenbaum sonst zu kippen droht. Zum Schluss stecken die Kinder den Stamm in einen mit Sand gefüllten Tontopf und der Tannenbaum ist fertig.

So wird genäht:
Der Stoff liegt doppelt
auf der linken Seite.

Boxsack

Motorik, Kooperation, Interaktion, soziale Kompetenz

Material: altes Kopfkissen, Heu und Stroh oder jede Menge Stoffreste, langes Seil

Die Kinder stopfen das Kissen mit Heu, Stroh oder Stoffresten aus. Ist das Kissen prall und fest gefüllt, wird der Boxsack mit dem Seil fest verschnürt und am Ast eines Baumes befestigt. Nun können die ersten Schritte zum Boxchampion unternommen werden.

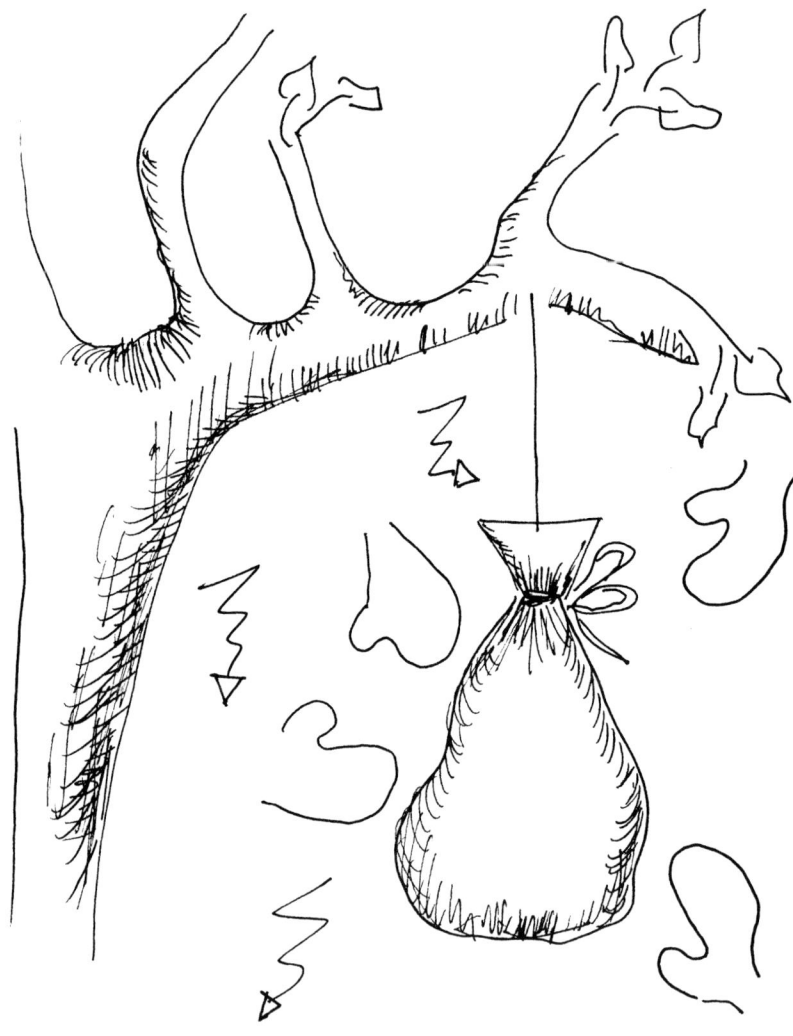

Aber ich kann doch gar nicht textil gestalten!

© Verlag an der Ruhr Postfach 10 22 51
45422 Mülheim an der Ruhr www.verlagruhr.de

Stofffetzenimpuls

Experimentierfreude, Motorik, Technik, Fantasie, Kreativität, Wahrnehmung

Material: viele kleine Stoffreste, Klebstoff, Zeichenkarton (DIN A 4), Farben, Pinsel, Becher

Bei dieser Aufgabenstellung bekommen die Kinder einen Malimpuls durch einen Stofffetzen. Die Kinder wühlen in einem Stoffreste-Sack, bis sie einen kleinen Stofffetzen gefunden haben, der ihnen vom Aussehen her gefällt. Diesen kleben sie irgendwo auf ihren Zeichenkarton. Die Kinder integrieren diesen Stofffetzen nun in ein Bild, das sie anschließend ganz und gar mit Farbe ausgestalten können. Die Kinder können diese Aufgabe sowohl motivisch als auch abstrakt lösen.

Stoffgirlande

Experimentierfreude, Motorik, Technik, Fantasie, Kreativität, Wahrnehmung, Kooperation, soziale Kompetenz, Interaktion

Material: Stoffreste, Schere, Zick-Zack-Schere, langer Wollfaden, eine Nadel mit einem großen Öhr und Spitze

Warum bestehen Girlanden sonst immer nur aus Papier? Warum lernen die Kinder den Umgang mit Nadel und Faden nur beim Auffädeln von Perlen? Bei diesem Angebot bilden die Kinder gemeinsam Girlanden aus Stoff. Die Kinder schneiden die Stoffreste in ungefähr 4 x 4 cm große Vierecke und fädeln diese anschließend mit Nadel und Faden auf. Schneiden die Kinder die Stoffreste mit einer Zick-Zack-Schere, wirken sie zusätzlich durch ihr Zackenmuster. Damit die Stoffstücke nicht dicht aneinander sitzen, sondern locker am Faden hängen, machen die Kinder nach jedem Viereck einen Knoten in den Faden. Am Ende können die Girlanden aller Kinder aneinander geknotet und quer durch den Raum gespannt werden.

Flugball

Experimentierfreude, Motorik, Technik, Fantasie, Kreativität,
Wahrnehmung, Interaktion

Material: Stoffreste oder ein Ball mit einem Durchmesser von ungefähr
5–6 cm, Stoff (ca. 20 x 20 cm), Gummis, Schere, Krepppapier

Die Kinder knubbeln die Stoffreste zu einem kleinen Ball zusammen und
spannen ein buntes Stück Stoff darum. Jetzt wird der Stoffball mit ganz
vielen Gummis umspannt. Diese helfen, den Ball und die Stoffenden
zusammenzuhalten. Unter den Gummis befestigen die Kinder nun
abschließend die Kreppbänder.
Werfen die Kinder den Ball mit großem Schwung, fliegt der Ball mit
flatternden bunten Kreppbändern durch die Luft.
Welcher Ball fliegt wohl am weitesten ?

 Tipp: Man kann statt des bunten Stoffstückes auch eine bunte Socke
benutzen.

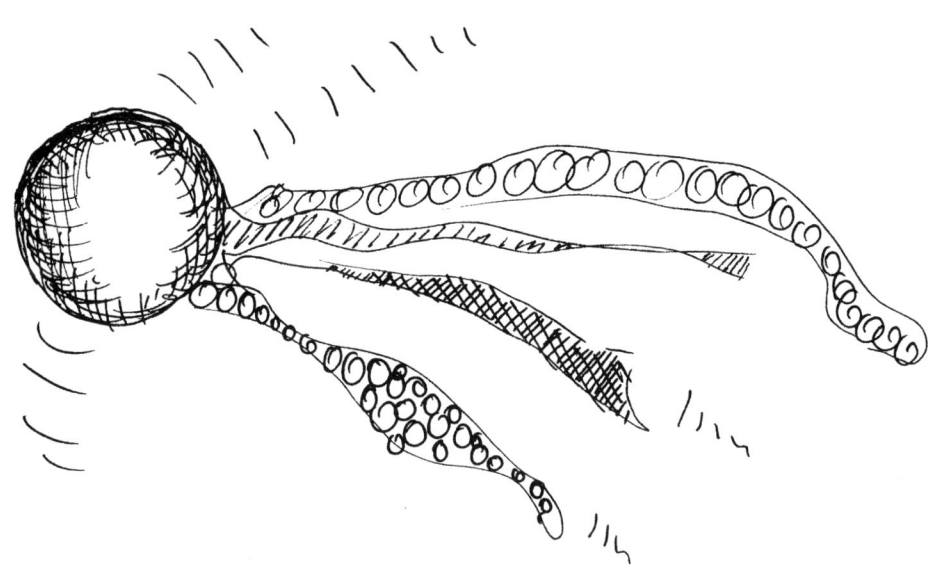

Stoffwurfwand

Experimentierfreude, Motorik, Technik, Wahrnehmung, Interaktion,
Kooperation, soziale Kompetenz

Material: Bettlaken, Schere, Wäscheklammern, Wäscheleine, Filzstifte,
Bälle, unterschiedlich große Teller und Schüsseln, die jedoch größer sein
müssen als die Bälle

Bei diesem Angebot stellen die Kinder auf ganz einfache Art und Weise
ein Wurfspiel her.
Gemeinsam legen die Kinder die verschiedenen Teller und Schüsseln in
einem Abstand von ungefähr 10 cm willkürlich auf das Bettlaken. Diese
umfahren sie mit einem Filzstift. Dann werden die Teller und Schüsseln
wieder vom Bettlaken entfernt. Die aufgemalten Kreise schneiden die Kinder
aus dem Bettlaken heraus und schreiben die Anzahl der zu erreichenden
Punkte an den Rand. Dann wird das Bettlaken mit Wäscheklammern auf
eine Wäscheleine gehängt. Das Spiel kann beginnen.

In einem Abstand von ungefähr 4 m von der Wurfwand entfernt wird eine
Linie gezogen. Von dieser Linie aus versuchen die Kinder ihren Ball durch
die Löcher zu werfen. Vorher überlegen sie sich, wie viele Versuche sie dazu
haben. Je nachdem, durch welches Loch die Kinder treffen, erhalten sie die
entsprechende Punktzahl. Die Punkte werden miteinander addiert. Welches
Kind erzielt wohl die meisten Punkte?

Leinentasche mit Knopfdeko ab 6 Jahre

Experimentierfreude, Motorik, Technik, Fantasie, Kreativität, Wahrnehmung

Material: Baumwolltasche, Nadel, Faden, Knöpfe, Schere

Einfarbig beige Baumwolltaschen wirken langweilig. Dabei lassen sie sich auf vielfältige Art und Weise wunderschön gestalten. Eine Möglichkeit besteht darin, sie mit Knöpfen zu dekorieren. Auf diese Weise erlernen Kinder spielerisch das Annähen von Knöpfen. Die Kinder wählen verschiedene Knöpfe aus, die ihnen gefallen. Sicherlich sind darunter zwei- bzw. vierlöchrige Knöpfe, die sie entsprechend der Zeichnung annähen müssen. Die Kinder fädeln einen Faden in das Nadelöhr und machen in ein Ende des Fadens einen Knoten. Die Kinder setzen die Nadel auf der Unterseite des Stoffes an und stechen zuerst mit der Nadel durch den Stoff und dann durch das Knopfloch. Dabei fädeln sie den

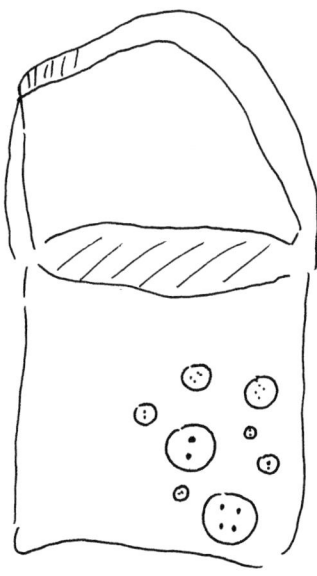

Knopf mit einem Loch auf dem Faden auf. Dann stechen sie die Nadel abwärts zuerst durch ein anderes Knopfloch und dann durch den Stoff. Dieser Vorgang wird mehrmals wiederholt. Dann wird der Faden auf der Stoffunterseite gut vernäht.

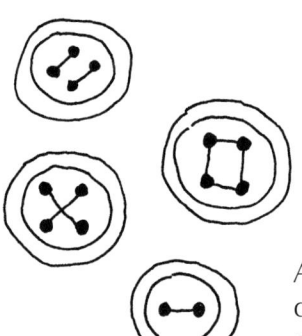

Die Kinder können die Knöpfe in einem Muster oder ganz willkürlich auf die Tasche aufnähen. Besonders schön wirkt ein Knopfmuster, wenn sowohl kleine als auch große Knöpfe aufgenäht werden.

Auf diese Arten können die Kinder die Knöpfe annähen.

© Verlag an der Ruhr Postfach 10 22 51
45422 Mülheim an der Ruhr www.verlagruhr.de

Duftothek

Experimentierfreude, Motorik, Technik, Fantasie, Kreativität, Wahrnehmung, Kooperation, soziale Kompetenz, Interaktion

Material: Stoff, Nadel, Schere, Zick-Zack-Schere, Faden, verschiedene Gewürze, Kräuter, Duftpotpourris, Tacker, Geschenkband, Wäscheleine, Wäscheklammern, Stoffmalstifte

Wahrnehmungsspiele dienen der kindlichen Entwicklung. Schon das Erstellen eines Wahrnehmungsspieles kann entwicklungsfördernd sein. Ganz nebenbei lernen die Kinder auch noch, einfache Nähte mit einigen Stichen zu schließen.

Die Kinder schneiden aus dem Stoff eine Stoffbahn von 18 x 6 cm. Diese Stoffbahn falten die Kinder in der Mitte. Dabei muss die linke Stoffseite außen liegen. Die Falte bildet den Boden des Duftsäckchens. Nun nähen oder tackern die Kinder die beiden Längsseiten des Säckchens zu. Dann stülpen sie das Säckchen nach außen, sodass die rechte Stoffseite wieder sichtbar wird. Die Öffnung des Säckchens schneiden die Kinder mit einer Zick-Zack-Schere in Form. Jedes Kind sucht sich einen Duft aus, füllt diesen in sein Säckchen und bindet es mit einem Geschenkband zu. Zuletzt schreiben sie ihren Namen auf das Duftsäckchen. Die Kinder verraten einander nicht, für welchen Duft sie sich entschieden haben. Die fertigen Säckchen hängen die Kinder mit Wäscheklammern an eine gespannte Wäscheleine. Die Duftothek ist fertig und das Raten kann losgehen! Welcher Duft befindet sich wohl in welchem Säckchen? Wer hat wohl die beste Nase?

Ein appliziertes
Schmusekissen

Experimentierfreude, Motorik, Technik, Fantasie, Kreativität, Wahrnehmung

Material: altes Kopfkissen, Stoffe, Vliesofix (auch am Meter erhältlich), Bügeleisen, Schere

Bei diesem Angebot handelt es sich um eine einfache Möglichkeit, Stoffe auf einen anderen Stoff zu applizieren. Dank des aufbügelbaren Klebevlieses haften die Stoffe auch ohne Nadel und Faden aufeinander.
Die Kinder legen ihre ausgewählten Stoffe auf die rauere, mit einem Klebefilm versehene Vliesofixseite auf. Dann bügeln sie mit einem heißen Bügeleisen über den Stoff (Achtung: Bügeltemperatur für das Vliesofix beachten!).
Das Vliesofix geht dabei mit dem Stoff eine Verbindung ein. Daraufhin schneiden die Kinder verschiedene Herzen aus dem Stoff aus. Sie entfernen die rückseitige Papierschicht des Vliesofix und legen die Herzen mit dem Klebefilm auf die zu gestaltende Kissenseite auf. Mit dem erhitzten Bügeleisen bügeln sie nun die Herzen auf das Kissen auf.

 Tipp: Auf diese Art und Weise kann auch eine wunderschöne Weihnachts- oder Himmelsdecke entstehen.

Gipsfiguren

ab 6 Jahre

Experimentierfreude, Motorik, Technik, Fantasie, Kreativität, Wahrnehmung

Material: Gips, Wasser, Eimer, Rührbesen, Baumwoll- oder Leinenstoff (keine Chemiefaser, 50 x 50 cm), Wachstuch

Bei diesem Angebot erleben die Kinder, wie sich aus Stoff interessante Figuren formen lassen.

Die Kinder rühren den Gips etwas flüssiger als auf der Packung beschrieben an. Dann breiten sie ihr Wachstuch auf dem Tisch aus. Die Kinder tauchen das Stoffstück in den Kleister ein. Den mit Gips getränkten Stoff breiten sie nun auf dem Wachstuch aus. Dann kann das Formen einer Figur (Hexe, Zwerg, Tier usw.) beginnen. Dazu können die Kinder den Stoff raffen, schieben, drehen, falten, schichten usw. Die fertigen Figuren müssen danach auf ihrer Unterlage einige Tage trocknen. Der Stoff verändert seine Konsistenz und wird hart.

Sind die Figuren getrocknet, können die Kinder sie mit Temperafarbe bemalen und als Raumdekoration einsetzen.

Altkleidercollage

ab 5 Jahre

Experimentierfreude, Motorik, Technik, Fantasie, Kreativität, Wahrnehmung, Kooperation, soziale Kompetenz, Interaktion

Material: alte Kleider, Klebstoff, Pappe, Schere

In diesem Angebot soll das Auge der Kinder auf einzelne Details an Kleidungsstücken gelenkt werden.

Die Kinder durchforsten die alten Kleider nach interessanten Kleinigkeiten. Kleinigkeiten bedeutet in diesem Zusammenhang: Knöpfe, Borten, Spitzen, Schnallen, Aufnäher, Embleme, Textillogos, Reißverschlüsse, Taschen, Perlen usw. Diese besonderen Details schneiden die Kinder aus den Kleidungsstücken heraus und kleben sie zu einer Bildcollage auf der Pappe zusammen. Diese Aufgabenstellung können auch bis zu vier Kinder gemeinsam lösen.

Aber ich kann doch gar nicht textil gestalten!

© Verlag an der Ruhr   Postfach 10 22 51
45422 Mülheim an der Ruhr   www.verlagruhr.de

Textiles Gestalten heißt: Stoffe bemalen und bedrucken

Aktivitäten rund um Seidenmalerei, Stoffdruck, Stoffbemalung

Stoffe ohne Chemiefasern, wie Leinen, Baumwolle oder Seide, lassen sich mit entsprechenden Farben durch viele spielerische Techniken bemalen, bedrucken oder experimentell gestalten. Dazu eignen sich sowohl Meterware, als auch kleine Stoffflächen oder auch alte abgetragene Kleidungsstücke, die ihren farbigen Pepp verloren haben. Die Kinder können in Farben schwelgen und ganz unterschiedliche Erfahrungen über das Verhalten der entsprechenden Farbe auf der Stofffläche machen. Kinder sind schnell begeistert, wenn ihnen erlaubt wird, zu kleinen Stoffdesignern zu avancieren.

Seidenmalerei

Seidenmalfarbe, mit einem Pinsel auf Seide aufgetragen, scheint in ihrem Fluss unaufhaltsam. Sie erobert sich mit rasender Geschwindigkeit ihren Untergrund. Oftmals erhält sie ihr wunderschönes Ergebnis lediglich durch die Farbenpracht und den zufälligen Farbverlauf. Diese Farbbewegungen zu beobachten ist für Kinder sehr beeindruckend. Die Seidenmalerei mit ihren faszinierenden Effekten erlaubt viele spielerische Techniken. Sie bietet des Weiteren einen Spielraum für kooperatives Arbeiten. Denn die auf große Rahmen (90 x 90 cm) gespannte Seide, kann von bis zu vier Kindern gleichzeitig bearbeitet werden. Doch nicht alle Techniken benötigen einen Rahmen. Auch die Seidenmaltechniken, die ohne Rahmen durchführbar sind, ermöglichen es mehreren Kindern, an einem Arbeitsstück aktiv zu werden. Im Folgenden werden einige dieser Seidenmaltechniken vorgestellt und entsprechende Verwendungszwecke vorgeschlagen.

Die Anschaffung der für die Seidenmalerei benötigten Materialien ist zunächst nicht ganz billig. Die Seidenmalrahmen und Wanzen kann man jedoch immer wieder einsetzen und die Seidenfarben sind, gut verschlossen, lange haltbar und sehr ergiebig. Unterschiedliche Hersteller bieten verschiedene Seidenfarben an. Man muss jedoch darauf achten, dass nicht alle Seidenfarben nachher mit dem Bügeleisen fixierbar sind. Auch Seide muss, ebenso wie andere Textilien, vor der Bearbeitung gewaschen werden. Bei Seide reicht es aber aus, sie gründlich in kaltem Wasser auszuspülen, um die Beschichtung zu entfernen.

Traumhafte Beleuchtung ab 8 Jahre

Experimentierfreude, Motorik, Technik, Fantasie, Kreativität, Wahrnehmung, Kooperation, Interaktion soziale Kompetenz

Material: Seidenmalrahmen, Wanzen, ein Seidentuch (90 x 90 cm) für bis zu vier Kinder, Seidenfarben (mit dem Bügeleisen fixierbar), Pinsel, Becher, Wasser, selbstklebende Lampenfolie, Schere, Jumbotasse, Bleistift, Lichterkette, Tacker

Die Kinder spannen die Seide mithilfe der Wanzen auf den Seidenmalrahmen. Die Seide sollte so fest gespannt sein, dass sie beim Malen nicht auf dem Boden oder dem Tisch aufliegt. Die Kinder können mit dem Malen

 © Verlag an der Ruhr — Postfach 10 22 51
45422 Mülheim an der Ruhr — www.verlagruhr.de

beginnen, sobald der Rahmen flach auf einem Tisch oder dem Boden aufliegt. Bis zu vier Kinder können an einem Rahmen arbeiten. Zum Bemalen tauchen die Kinder ihren Pinsel in die Farbe und tupfen damit farbenfrohe Flecken auf die Seide, bis die gesamte Seide bunt bemalt ist. Ist die Seide getrocknet, wird sie mit einem Bügeleisen auf Seidentemperatur auf der Rückseite fixiert. Dann kleben die Kinder die gestaltete Seidenfläche auf die selbstklebende Lampenfolie. Die Jumbotasse dient den Kindern als Schablone. Sie legen sie mit ihrer Öffnung auf die beklebte Fläche und umfahren sie mit einem Bleistift. Die Kinder umfahren halb so viele Kreise, wie Lämpchen an der Lichterkette sind. Die aufgezeichneten Kreise schneiden

die Kinder aus und halbieren sie. Diese Kreishälften drehen die Kinder um jeweils ein Glühbirnchen zu Spitzhütchen zusammen und tackern die Enden zusammen. Sind alle Glühbirnchen mit einem Hütchen versehen, wird die Beleuchtungskette aufgehängt und angeschaltet. Sogleich erscheint der Raum in einem traumhaft schönen Licht. Sehr schön wirkt eine so gestaltete Lichtkette auch in einem Ruheraum oder einer Traumecke.

Seidenmalerei mit Salz ab 8 Jahre

Experimentierfreude, Motorik, Technik, Fantasie, Kreativität, Wahrnehmung, Kooperation, soziale Kompetenz, Interaktion

Material: Seidenmalrahmen, Wanzen, ein Seidentuch (90 x 90 cm) für bis zu vier Kinder, Seidenfarbe (mit dem Bügeleisen fixierbar), dicke Pinsel, Becher, Wasser, Zeitungspapier, grobes Salz, Bügeleisen

Die Salztechnik ist eine sehr einfache, experimentelle Technik, die gut mit Kindern umgesetzt werden kann. Bis zu vier Kinder können dabei an einem Tuch miteinander arbeiten.
Die Kinder befestigen das Seidentuch mithilfe der Wanzen auf dem Seidenmalrahmen. Die Seide sollte so fest gespannt sein, dass sie beim Malen nicht

auf dem Tisch oder dem Boden aufliegt. Die Kinder legen den Rahmen flach auf den Boden oder einen Tisch und feuchten das Tuch mit Wasser an. Das Farbenspiel kann beginnen! Die Kinder tragen mit ihren Pinseln die prächtigsten Farben auf. Durch den zuvor nass angelegten Untergrund fließt die Farbe ineinander und es entstehen Mischfarben. Die Kinder sollten die Farben nicht zu blass auftragen und möglichst farbintensive Farben wählen. So erzielen sie später mit dem Salz besonders schöne Effekte. Ist das Tuch ganz mit Farbe versehen, streuen die Kinder das grobe Salz auf das noch feuchte Tuch. Das Salz bleibt so lange auf der Seide liegen, bis das Tuch leicht angetrocknet ist. Gemeinsam kippen die Kinder dann das Salz von dem Tuch auf Zeitungspapier. Die Kinder entdecken, dass das Salz Farbe aufgesaugt und dabei bewegte Schlieren auf dem Seidentuch hinterlassen hat. Dann bügeln die Kinder das Tuch rückseitig auf Seidentemperatur, um die Farben wasserfest zu machen.

Die Kinder können die Tücher verschenken oder die Wände oder Decken ihrer Zimmer damit dekorieren. Sie können das große Stück Seide aber auch in 30 x 30 cm große Quadrate zerteilen und kleine Duftsäckchen herstellen.

 Tipp: Auf diese Weise lassen sich auch Kissen, Haarspangen, Taschen usw. gestalten. Diese kann man in jedem guten Bastelfachgeschäft erwerben.

Seidenmalerei mit Kontur ab 5 Jahre

Experimentierfreude, Motorik, Technik, Fantasie, Kreativität, Wahrnehmung, Kooperation, soziale Kompetenz, Interaktion

Material: Seidenmalrahmen, Wanzen, ein Seidentuch (90 x 90 cm) für bis zu vier Kinder, Seidenfarben (mit dem Bügeleisen fixierbar), Pinsel, Becher, Wasser, Gutta-Konturmittel in der Tube, Föhn, Bügeleisen

Diese Technik bietet den Kindern die Möglichkeit, Motive zu malen. Die Kinder befestigen die Seide mithilfe der Wanzen auf dem Seidenmalrahmen. Die Seide sollte so fest gespannt sein, dass sie beim Malen nicht auf dem Tisch oder dem Boden aufliegt. Bis zu vier Kinder können anschließend gemeinsam das Seidentuch gestalten. Der Rahmen sollte beim Arbeiten flach auf dem Boden oder einem Tisch aufliegen. Die Kinder malen mit Gutta-Konturmittel die Umrisse ihrer Motive auf die Seide. Sie müssen dabei darauf achten, dass die Guttakonturen alle geschlossen sind, denn die Konturen verhindern beim Farbauftrag, dass die Farben unkontrolliert auslaufen. Sind die Kinder damit fertig, muss das Gutta trocknen. Dabei kann

 © Verlag an der Ruhr · Postfach 10 22 51 · 45422 Mülheim an der Ruhr · www.verlagruhr.de

den Kindern ein Föhn behilflich sein.
Die Kinder sollten jedoch mit dem
Föhn nicht zu nahe an das Tuch
herangehen, damit sie das Tuch
nicht versengen. Sind die
Konturen trocken, beginnen die
Kinder damit, sowohl die
Motive als auch den Hinter-
grund mit Farbe auszumalen.
Ist das fertige Tuch trocken,
nehmen es die Kinder vom
Seidenmalrahmen ab und
bügeln es auf der Rückseite auf
Seidentemperatur.
Nun gibt es verschiedene

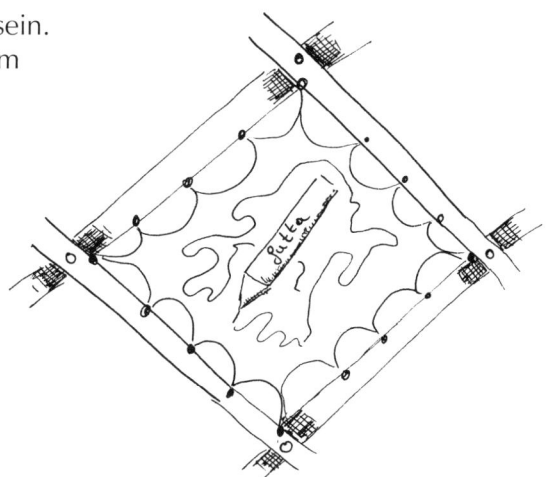

Möglichkeiten, das Tuch zu nutzen. Die Kinder können es als großes Fenster-
bild verwenden oder auch viele kleine Bilder daraus machen. Dazu schneiden sie aus der Seide einzelne Motive aus und spannen sie auf kleine Rahmen. Ebenso können kleine Kartenmotive ausgeschnitten werden und hinter
Passepartoutkarten geklebt werden.

 Tipp: Mit dieser Technik lassen sich Uhren, Fensterbilder, Haarspangen, Taschen oder Schirme bemalen. Diese sind in jedem guten
Bastelgeschäft zu erwerben.

Seidenspritzen ab 7 Jahre

Experimentierfreude, Motorik, Technik, Fantasie, Kreativität,
Wahrnehmung, Kooperation, soziale Kompetenz, Interaktion

Material: Seidenmalrahmen, Wanzen, Seidentuch (90 x 90 cm) für bis
zu sechs Kinder, Seidenfarben (mit dem Bügeleisen fixierbar), Pinsel,
Becher, Wasser, Sprühflaschen oder Wasserpistolen, Bügeleisen

Diese Seidenmaltechnik ist eine leichte spielerisch-experimentelle Variante,
bei der die Kinder begeistert aktiv werden.
Die Kinder spannen die Seide mithilfe der Wanzen auf den Seidenmalrahmen. Die Seide sollte so fest gespannt sein, dass sie beim Malen nicht auf
dem Tisch oder dem Boden aufliegt. Die Kinder stellen den Rahmen im
Freien gegen einen Baum oder eine mit Folie abgedeckte Mauer.

Textiles Gestalten heißt:
Stoffe bemalen und bedrucken

Aber ich kann **doch gar**
nicht **textil gestalten**
71

Dann füllen sie reine Seidenfarbe oder aber auch leicht verdünnte Seidenfarbe in Plastiksprühflaschen oder Wasserpistolen. Nun kann das Seiden-
spritzen beginnen. Dabei können bis zu sechs Kinder die aufgestellte Lein-
wand mit Seidenfarbe besprühen. Viel Spaß bei der Gestaltung!
Ist das Kunstwerk getrocknet, nehmen die Kinder das Tuch vom Seidenrahmen und bügeln es rückseitig auf Seidentemperatur, um die Farbe haltbar
zu machen.

 Tipp: Auf diese Weise lassen sich auch Schirme, Paravents oder zum
Beispiel Seidengardinen gestalten. Diese können Sie in jedem gut
sortierten Bastelladen erwerben.

Seidenbatik

Experimentierfreude, Motorik, Technik, Fantasie, Kreativität, Wahrnehmung, Kooperation, soziale Kompetenz, Interaktion

Material: Seidenfarben (mit dem Bügeleisen fixierbar), Pinsel, Becher, Wasser, Seidentuch (90 x 90 cm), Bügeleisen

Seidenbatik ist eine reine Zufallstechnik. Durch Knoten und Drehen können die Kinder faszinierende Farbeffekte erzielen.

Jedes Kind erhält ein Seidentuch. Dieses Tuch können die Kinder auf zwei verschiedene Arten bearbeiten. Zum einen können die Kinder das Seidentuch zu zweit jeweils an zwei einander diagonal gegenüberliegenden Zipfeln halten und es zu einer Kordel drehen (vgl. Kordeldrehen Seite 41). Zum anderen können sie das Tuch an den unterschiedlichsten Stellen mit Knoten versehen. Nun können die Kinder die Seide mit dem Pinsel bemalen oder das Tuch direkt in die Seidenfarbe tauchen. Wichtig ist, dass sie das Tuch intensiv mit Farbe tränken. Danach falten die Kinder die Tücher auseinander und hängen sie zum Trocknen mit Wäscheklammern auf eine Wäscheleine. Die Kinder entdecken, dass dort, wo Knoten waren bzw. das Seidentuch fest zu einer Kordel gedreht war, die Farbe nicht hindurchdringen konnte und weiße Stellen zurückgeblieben sind.

Nach dem Trocknen bügeln die Kinder das Tuch auf der Rückseite, um die Farbe haltbar zu machen.

 Tipp: Mit dieser Technik lassen sich nicht nur Tücher, sondern auch Taschen, Seiden-T-Shirts, Haarbänder oder Kissen gestalten. Diese sind in jedem gut sortierten Bastelladen zu erwerben.

Mit Seide und Kreide

Experimentierfreude, Motorik, Technik, Fantasie, Kreativität, Wahrnehmung, Kooperation, soziale Kompetenz, Interaktion

Material: Seidenmalrahmen, Wanzen, Seidenfarben (mit dem Bügeleisen fixierbar), Pinsel, Becher, Wasser, Textilkreide, ein Seidentuch (90 x 90 cm) für bis zu vier Kinder, Bügeleisen

Kindern macht es Spaß, Motive auf Stoff zu zeichnen. Für Seide eignet sich dazu besonders gut Textilkreide. Sie ermöglicht den Kindern, grafische

Elemente zeichnerisch auf dem Stoff festzuhalten. So trägt der gestaltete Seidenstoff später zwei Elemente in sich: einmal den Zufall durch das Laufen der Farbe und die Genauigkeit der Textilkreidekonturen.

Die Kinder befestigen die Seide mithilfe der Wanzen auf dem Seidenmalrahmen. Die Seide sollte so fest gespannt sein, dass sie beim Malen nicht auf dem Tisch oder dem Boden aufliegt. Nun legen die Kinder den Rahmen mit der Seide nach unten auf den Tisch. So können sie besser mit den Textilkreiden auf die Seide malen. Nach dem Zeichnen drehen die Kinder den Rahmen wieder um, sodass die Seide nicht mehr auf der Tischplatte aufliegt. Dann erst bemalen sie das Tuch mit Seidenfarbe.

Ist das Tuch getrocknet, nehmen die Kinder es vom Rahmen ab und bügeln es auf der Rückseite auf Seidentemperatur.

 Tipp: Auf diese Art und Weise lassen sich auch Schirme, Kissen und Taschen gestalten. Diese sind in gut sortierten Bastelfachgeschäften zu erwerben.

Mit Seide und Kleister   ab 8 Jahre

Experimentierfreude, Motorik, Technik, Fantasie, Kreativität, Wahrnehmung, Kooperation, soziale Kompetenz, Interaktion

Material: Seidenmalrahmen, Wanzen, Seidenfarben (mit dem Bügeleisen fixierbar), Seide (90 x 90 cm) für bis zu vier Kinder, Pinsel, Becher, Wasser, Kleister, Bügeleisen, kleine Schraubgläser, Kratzwerkzeuge wie Teigschaber, Gabel, Wischer oder Kamm

Bei dieser Technik handelt es sich weniger um Seidenmalerei als um einen Seidendruck, den so genannten Einmal-Druck (Monotypie), der in dieser Gestalt nicht wiederholt werden kann. Dabei spielt das Abklatschverfahren (Decalcomanie), eine wichtige experimentelle Rolle. Die Kinder werden von diesem Verfahren begeistert sein.

Die Kinder befestigen die Seide mithilfe der Wanzen auf dem Seidenmalrahmen. Die Seide sollte so fest gespannt sein, dass sie beim Malen nicht auf dem Tisch oder dem Boden aufliegt. Dann bereiten die Kinder die Farben zu. Dazu rühren sie entsprechend der Verpackungsbeschreibung Kleister an. Diesen mischen die Kinder 1 zu 1, d.h. ein Teil Kleister mit einem Teil Seidenfarbe, in die Schraubgläser. Diese verschrauben die Kinder und schütteln sie, damit sich Kleister und Farbe vermischen. Etwas von dieser Farbe gießen die Kinder über den abgedeckten Tisch. Dann beginnen sie mit

 © Verlag an der Ruhr / Postfach 10 22 51
45422 Mülheim an der Ruhr / www.verlagruhr.de

dem Verteilen der Farbe. Dazu können sie die Hände, Schaber und andere Kratzwerkzeuge benutzen. So entstehen experimentelle Muster in der Kleisterfarbe. Den bespannten Seidenrahmen legen die Kinder nun mit der Seide nach unten in das Kleisterfarbmuster. Die Kinder streichen ganz zart über die Seidenoberfläche, sodass alle Farbe von der Seide aufgesaugt wird. Langsam und vorsichtig nehmen die Kinder danach den Rahmen von der Tischoberfläche und drehen ihn wieder um.

Bevor die Kinder die so gestaltete Seide vom Rahmen nehmen, muss diese erst einmal trocknen. Danach fixieren die Kinder die Seidenfarben auf der Rückseite mit dem Bügeleisen. Um den Kleister zu entfernen und dem Tuch die Kleisterstarre zu nehmen, brausen die Kinder das Seidentuch in einer Wanne ab. Nachdem das Tuch erneut getrocknet ist und nochmals gebügelt wurde, können die Kinder es nach Herzenslust einsetzen.

 Tipp: Schreiben die Kinder in den Kleistergrund einen Namen oder einen Text, so muss dieser in Spiegelschrift geschrieben werden.

Seidencollage

ab 8 Jahre

Experimentierfreude, Motorik, Technik, Fantasie, Kreativität, Wahrnehmung, Kooperation, soziale Kompetenz, Interaktion

Material: Seidenmalrahmen, Wanzen, Seide (90 x 90 cm) für bis zu vier Kinder, Seidenfarben (mit dem Bügeleisen fixierbar), Becher, Wasser, getrocknete Blüten und Blätter, Bügeleisen, Wattebausch, selbstklebende Lampenfolie, Klebstoff

Die Kinder spannen die Seide mithilfe der Wanzen auf den Seidenmalrahmen. Die Seide sollte so fest gespannt sein, dass sie beim Malen nicht auf dem Tisch oder dem Boden aufliegt. Dann feuchten die Kinder die Seide mit Wasser an. Anschließend malen die Kinder mit dem Wattebausch Seidenfarben in verschiedenen horizontalen Linien auf die Seide. Diese symbolisieren die Erde, die Wiese, den Himmel usw. Die gezogenen Farblinien erhalten eine kräftigere Kontur durch vermehrte Zugabe von Wasser. Zusätzliche Strukturen können die Kinder auch mit Salz einarbeiten.

Ist die Farbe auf der Seide getrocknet, bügeln die Kinder diese und kleben sie auf die Lampenfolie. Jetzt kleben die Kinder die getrockneten Blüten und Blätter mit Klebstoff auf die Seide und gestalten damit die Collage. Besonders reizvoll wirken die Bilder später in einem schönen Bilderrahmen.

Seidenwindlicht

Experimentierfreude, Motorik, Technik, Fantasie, Kreativität,
Wahrnehmung, Kooperation, soziale Kompetenz, Interaktion

Material: Glas, selbstklebende Lampenfolie, zwei Schaschlikspieße
oder Zahnstocher, Locher, vier Korken, Schere

Dieses Angebot gibt den Kindern die Möglichkeit, ihre vorher gestalteten
Seidentücher zu einem leuchtenden Windlicht zu verarbeiten.
Dazu benötigen die Kinder ein DIN A4-großes Stück Lampenfolie. Die
Kinder kleben nun ihre vorher gestaltete Seide auf die zugeschnittene
Lampenfolie. Dabei müssen die Kinder sich gegenseitig helfen, denn die
Seide muss beim Aufkleben stramm gehalten werden, sodass keine Falten
entstehen. Oder aber die Kinder arbeiten beim Aufkleben absichtlich Falten
als Effekte ein. Die überstehenden Seiten schneiden die Kinder mit einer
Schere ab. Dann lochen sie auf den beiden Schmalseiten jeweils zwei sich
einander gegenüberliegende Löcher (siehe Zeichnung). Die Kinder biegen
die gestaltete Lampenfolie um das Glas und ziehen durch die einander
gegenüberliegenden Löcher je einen Schaschlikspieß. Damit diese nicht aus
der Folie rutschen, spießen die Kinder auf die vier Enden der Schaschlikspieße je einen Korken. Dann stellen die Kinder in das Glas ein Teelicht und
zünden es an.
Das farbig leuchtende Licht wird die Kinder begeistern.

 Stoffdruck

Nicht nur die Seidenmalerei stellt für Kinder eine Möglichkeit dar, Stoffen Farbe, Muster, Ornamente oder Motive zu geben. Auch der Stoffdruck ist für sie eine interessante Technik, um Stoffe zu gestalten. Der Stoffdruck stellt eine Besonderheit innerhalb der Stoffgestaltung dar, da er aufgrund des Druckstockes die Möglichkeit bietet, Motive beliebig oft zu vervielfältigen. Bevor die Kinder jedoch einen Stoff bedrucken können, müssen sie sich einen entsprechenden Druckstock gestalten. Druckstöcke lassen sich leicht aus einfachen Materialien herstellen (Beispiele siehe Angebote). Gerade die Tatsache, dass sie ein Motiv mehrmals hintereinander auf den Stoff übertragen können, fasziniert Kinder und begeistert sie für den Stoffdruck.
Aber auch das Bemalen von Stoffen hat für Kinder einen ganz besonderen Reiz. Diese Form der Stoffgestaltung bietet ihnen die Möglichkeit, konkrete Motive auf Stoffe aufzubringen. Der Fantasie und Kreativität der Kinder sind damit keine Grenzen gesetzt. Unterschiedliche Farbmaterialien ermöglichen dabei verschiedene Effekte und eröffnen den Kindern einen zusätzlichen Gestaltungsspielraum. Ist es nicht etwas Besonderes, das selbst designte T-Shirt am Körper zu tragen?

Die folgenden Angebote sollen die Kinder zu eigenen Stoffdrucken und Stoffbemalungen inspirieren. Dazu werden Informationen zu geeigneten Stoffmaterialien gegeben und Techniken zum Stoffdruck und zur Stoffbemalung vorgestellt.

Zum Stoffdruck und zur Stoffbemalung eignen sich alle Naturfasern wie Leinen, Nessel oder Baumwolle. Die Stoffe sollten keine Stärke und Appretur mehr enthalten und vor dem Bedrucken oder Bemalen mindestens einmal im Kochwaschgang gewaschen worden sein.
Die Kinder benötigen für ihre Experimente keine teuren Meterstoffe. Hier eine kleine Auswahl an Materialien, die sich zum Stoffe färben eignen: Taschentücher, alte T-Shirts, alte Bettlaken, Geschirrtücher, Unterhemden, Taschen, Baumwollherrenhemden, Kissen, Leinenschuhe usw. Darüber hinaus werden in den einzelnen Angeboten noch spezielle Materialangaben gemacht.

Stoffmalfarben sind den Kindern beim Drucken und Malen auf Stoff behilflich. Verschiedene Marken bieten wasserverdünnbare Stoffmalfarben an, die nach der Fixierung wasch- und lichtecht und bis zu 60° waschbar sind.

Stoffdruck mit Schablone

ab 6 Jahre

Experimentierfreude, Motorik, Technik, Fantasie, Kreativität, Wahrnehmung

Material: Stoffmalfarbe, Baumwoll- oder Leinenstoff, Schwamm, Pappe (Postkartenstärke), spitze Schere, Kreppklebeband, Bleistift

Die Kinder zeichnen mit einem Bleistift ein einfaches Motiv auf den Karton. Dieses Motiv schneiden die Kinder aus. Dabei ist es wichtig, dass die Kinder nicht vom Rand der Pappe zu schneiden beginnen, sondern mit der spitzen Schere mitten in das Motiv stechen und dann innen entlang der Motivlinie schneiden. So erhalten die Kinder ein Loch in Form ihres Motives. Die Kinder legen die Schablone auf den Stoff und fixieren sie mit Kreppklebeband. Dann tauchen sie den Schwamm in die Stoffmalfarbe und tupfen ihn auf einem Stofffetzen ab. Nun tupfen sie mit dem Schwamm in den Hohlraum der Schablone, bis dieser ganz mit Farbe ausgefüllt ist. Die Kinder lösen die Schablone vom Stoff und befestigen sie an einer anderen Stelle. Dann beginnt der Druckvorgang von Neuem.

 Tipp: Auf diese Weise lassen sich auch Taschentücher, Taschen, Bettlaken, T-Shirts, Geschirrtücher, Hemden, Kissen, Jeans, Leinenschuhe usw. bedrucken.

© Verlag an der Ruhr Postfach 10 22 51
45422 Mülheim an der Ruhr www.verlagruhr.de

Stoffdruck mit Alltags- und Naturmaterialien

ab 5 Jahre

Experimentierfreude, Motorik, Technik, Fantasie, Kreativität, Wahrnehmung

Material: verschiedene Materialien mit interessanten Strukturen bzw. Oberflächenbeschaffenheiten (z.B. Wellpappe, Gräser, Knöpfe, Blätter, Hölzer, Rinden, Korken usw.), Stoffmalfarbe, Baumwoll- oder Leinenstoff, Pinsel, Schere

Bei diesem Angebot erleben die Kinder, wie sie mit Alltagsmaterialien Stoffe bunt gestalten können. Es eignet sich als Experimentierangebot, um Kinder spielerisch mit Stoffmalfarben und Strukturen vertraut zu machen.
Die Kinder sammeln Gegenstände und Materialien mit verschiedenen interessanten Oberflächenstrukturen. Diese dienen ihnen hier als Druckstöcke. Haben die Kinder einen reichhaltigen Schatz an Materialien gesammelt, beginnt das Ausprobieren von Farben und Materialien.
Die Kinder bemalen die Oberflächen der verschiedenen Materialien mit Pinsel und Stoffmalfarbe und drücken diese dann auf den Stoff. Heben die Kinder die Materialien wieder vom Tuch ab, hat das Material seine Struktur auf dem Stoff hinterlassen. Je mehr Strukturen die Kinder in unterschiedlichen Farben auf den Stoff drucken, desto schöner und interessanter wird das Ergebnis sein.

 Tipp: Auf diese Weise lassen sich auch Taschentücher, Taschen, Bettlaken, T-Shirts, Geschirrtücher, Hemden, Kissen, Jeans usw. bedrucken.

Variante:
Die Kinder versuchen Motive zu drucken.

Stoffdruck mit Druckstock   ab 6 Jahre

Experimentierfreude, Motorik, Technik, Fantasie, Kreativität, Wahrnehmung, Kooperation

Material: Stoffmalfarbe, Baumwoll- oder Leinenstoff, Pinsel, kleine Holzklötzchen, Moosgummi, Klebstoff oder doppelseitiges Klebeband

Bei diesem Angebot gestalten sich die Kinder ihren Druckstock selbst. Die Kinder fertigen diesen aus Moosgummi und einem kleinen Holzklötzchen. Sie schneiden aus Moosgummi verschiedene Motive aus und kleben je eines davon auf ein Holzklötzchen. Schon ist der Druckstock fertig.
Nun färben die Kinder das Motiv aus Moosgummi mit Pinsel und Stoffmalfarbe ein und drücken es anschließend mit leichtem Druck auf den Stoff. Heben sie den Druckstock vom Stoff, erscheint der Abdruck des Motivs spiegelverkehrt auf dem Stoff. Gestalten die Kinder einen Druckstock mit einem Buchstaben, müssen sie deshalb darauf achten, diesen spiegelverkehrt auf das Holzklötzchen zu kleben.
Die Kinder können ihre Druckmotive auch untereinander austauschen.

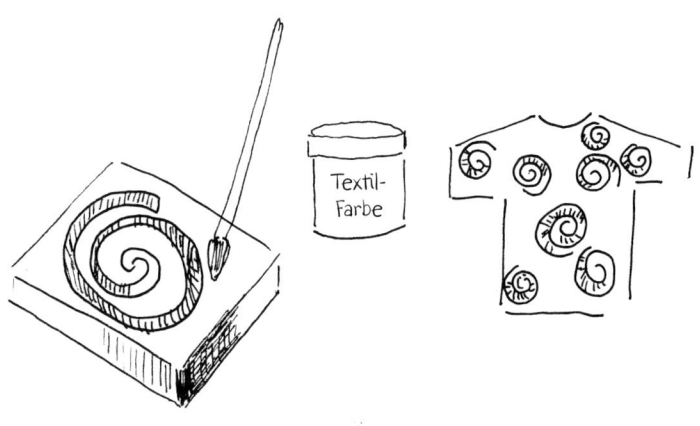

 Tipp: Weitere Druckstöcke können die Kinder auch aus Kartoffeln (Kartoffeldruck), Äpfeln oder Birnen herstellen.
Auf diese Weise lassen sich auch Taschentücher, Taschen, Bettlaken, T-Shirts, Geschirrtücher, Hemden, Kissen, Jeans, Leinenschuhe usw. bedrucken.

Variante:
Die Kinder schneiden ihre Motive vom Rand aus aus und legen sie auf den Stoff. Dann tupfen sie mit dem Schwamm am Motivrand entlang. Sie erhalten ein farbloses Motiv mit buntem Rand. Die Kinder können ihre Schablonen auch untereinander austauschen.

 © Verlag an der Ruhr Postfach 10 22 51
45422 Mülheim an der Ruhr www.verlagruhr.de

 # Das Bemalen von Stoffen

Die Stoffe, die bereits beim Stoffdruck erwähnt wurden, können die Kinder auch mit Stoffmalfarben bemalen. Neben den bereits beschriebenen Stoffmalfarben, die die Kinder mit dem Pinsel auftragen, gibt es für die Stoffmalerei auch Stoffmalstifte. Auch hier ist die Auswahl zwischen zahlreichen Herstellern groß. Die Stoffmalstifte benötigen meist keine Bügeleisenfixierung. Ist die Farbe getrocknet, ist sie fixiert und waschbar. Darüber hinaus gibt es Stoffmalstifte, deren Schriftzug sich plastisch aufbläht, die Pluster-Farben oder Fun-liner genannt werden. Sie eignen sich besonders als Konturstifte.

Indianerstirnband — ab 5 Jahre

Experimentierfreude, Motorik, Technik, Fantasie, Kreativität, Wahrnehmung

Material: Leintuch, Stoffmalfarbe, Stoffmalstifte, Pinsel, Schere

Bei diesem Angebot werden aus einem Leintuch viele bunte Indianerstirnbänder.
Dazu zerschneiden die Kinder das Leintuch in der Breite in 6 cm breite Streifen. Diese bemalen sie mit der Stoffmalfarbe und den Stoffmalstiften mit bunten Mustern. Haben die Kinder die Stirnbänder bemalt, bügeln sie diese. Dann können die Kinder sie sich um die Stirn binden.
Das Indianerspiel kann beginnen.

Bemalte T-Shirts — ab 5 Jahre

Experimentierfreude, Motorik, Technik, Fantasie, Kreativität, Wahrnehmung

Material: Stoffmalfarbe, Stoffmalstifte, Pinsel, Karton, Schere, Becher, Wasser, einfarbiges helles T-Shirt

Das Bemalen eines Stoffes ist kinderleicht. Bei einem T-Shirt handelt es sich um einen doppelt gelegten Stoff. Es besteht also die Gefahr, dass sich die Farbe der Vorderseite beim Malen auf die Rückseite durchdrückt.

Deshalb schneiden die Kinder ein Stück Pappe zurecht, das sie vor Malbeginn zwischen die beiden Stofflagen schieben. Dann kann das Malen und Gestalten beginnen.
Die Stoffmalstifte eignen sich dabei sehr gut als Konturstifte. Die Kinder können die Stoffmalstifte aber auch deckend einsetzen.

 Tipp: Die Konturen sehen witzig aus, wenn die Kinder sie mit den bereits erwähnten Fun-Linern oder der Pluster-Farbe malen.

Bemalte Schuhe ab 5 Jahre

Experimentierfreude, Motorik, Technik, Fantasie, Kreativität, Wahrnehmung

Material: helle Leinenschuhe, Stoffmalstifte, Stoffmalfarbe, Pinsel, Fun-Liner, Pluster-Farbe

Die Kinder bemalen in diesem Angebot ihre Leinenschuhe frei nach ihrer Fantasie mit abstrakten oder motivischen Mustern. Die Konturen der Muster malen die Kinder mit den Fun-Linern oder der Pluster-Farbe vor. Die inneren Flächen füllen sie mit Stoffmalstiften oder Stoffmalfarbe aus.

© Verlag an der Ruhr   Postfach 10 22 51
45422 Mülheim an der Ruhr   www.verlagruhr.de

Textiles Gestalten heißt: Gestalten mit Filz

Aktivitäten vom Filzen bis zur Filzgestaltung

Filz ist bei der textilen Arbeit mit Kindern ein sehr dankbares Material, da es viele Einsatzmöglichkeiten bietet. Zum einen können Kinder aus gekämmter Rohwolle Filz auf einfache Art und Weise selbst herstellen und dabei verschiedene einfache Objekte gestalten. Das Filzen ist für Kinder ein besonders interessanter Vorgang. Sie erleben, wie sich die weichen Rohwollfasern zu einem festen Stoff verbinden. Zum anderen sind fertige Filzplatten ein reizvolles Material, das einfach zu verarbeiten ist. Die bunten, farbenfrohen Filzplatten können von den Kindern zugeschnitten, durchstochen, aufgeklebt oder vernäht werden, ohne dass der Stoff vorher gesäumt werden muss.

Um die einzelnen Fasern der Rohwolle zu einem festen Filz zu verdichten, müssen die Kinder Ausdauer und vor allem viel Kraft aufbringen. Kinder, die zwischen ihren Händen noch keine so große Kraft entwickeln können, können ihre Arbeiten auch auf einer Baststrandmatte, einem Bastrollo oder einer Autogummimatte filzen. Da diese Flächen eine grobe Struktur aufweisen, sind sie den Kindern beim Filzen behilflich.

Die Hände der Kinder kommen beim Filzen viel mit Wasser und Seife in Berührung. Deshalb ist es sinnvoll, nach der Arbeit Handcreme bereitstehen zu haben.

Filzperlenkette

Experimentierfreude, Motorik, Technik, Fantasie, Kreativität, Wahrnehmung

Material: gekämmte Rohwolle (natur und farbig), warmes Wasser, Schüssel, Schmierseife, Stopfnadel, Faden

Wie aus ungesponnener Rohwolle ein fester Stoff werden kann, erleben die Kinder auf einfache Art und Weise bei diesem Angebot. Es stellt die einfachste Möglichkeit des Filzens dar.

Für jede Perle nehmen die Kinder so viel Rohwolle, dass diese sich gut zwischen den Händen zu einer Kugel formen lässt. Diese tauchen sie in die mit warmer Lauge (1 EL. Schmierseife pro 1 l Wasser) gefüllte Schüssel. Die Kinder seifen sich nun die Hände ein und rollen die Rohwolle mit leichtem Druck zwischen den Handflächen. Zwischendurch tauchen die Kinder ihre Hände immer wieder in die warme Lauge, seifen sich die Hände ein und rollen die Kugel mit immer stärker werdendem Druck zu einer festen Perle. Ist die Perle so fest, dass sie zwischen zwei Fingern kaum noch zusammengedrückt werden kann, ist sie fertig. Die Kinder spülen die Perle mit klarem Wasser aus und lassen sie über Nacht trocknen.

Für eine eigene Kette müssen die Kinder sehr viele Kugeln filzen. Dabei ist Ausdauer gefragt. Eine bunte Freundschaftsperlenkette entsteht, wenn die Kinder nach dem Trocknen Perlen der Klasse zusammen auffädeln.

Tipp: Wie wäre es mit einem Filzperlenmobile? In Verbindung mit Messingschellen ist das Mobile bei einem Windhauch nicht nur ein optischer, sondern auch ein akustischer Genuss.

Filzmaus

Experimentierfreude, Motorik, Technik, Fantasie, Kreativität, Wahrnehmung

Material: gekämmte Rohwolle (grau oder farbig, ca. 30 cm pro Kind), Schmierseife, warmes Wasser, Schüssel, Schere, grauer Filz, Wolle, Nadel und Faden oder Klebstoff

Die Kinder machen in ihr 30 cm langes Stück Rohwolle an einem Ende einen Knoten. Dann wickeln sie die restliche Rohwolle kreuzweise um diesen Knoten. Dabei sollte eine kleine Rolle entstehen. Diese tauchen die Kinder in die Seifenlauge (1 EL. Schmierseife pro 1 l Wasser) und rollen sie vorsichtig zwischen ihren Händen. Diesen Vorgang wiederholen die Kinder so oft, bis sie ein verfilzen der Wolle spüren. Dann können die Kinder die Rolle auch fester zwischen ihren Händen bewegen. Dabei geben sie der Maus ihre Form. Sie ziehen mit den Fingerspitzen die Schnauze spitz heraus und drücken das Hinterteil in die Breite. Hat der Mäusekörper eine feste Konsistenz, spülen die Kinder ihn mit klarem Wasser aus.
Ist die Maus getrocknet, schneiden die Kinder aus grauem Filz Ohren und aus Wolle einen kleinen Schwanz. Mit ein paar Nadelstichen oder Klebstoff befestigen sie diese am Mäusekörper.

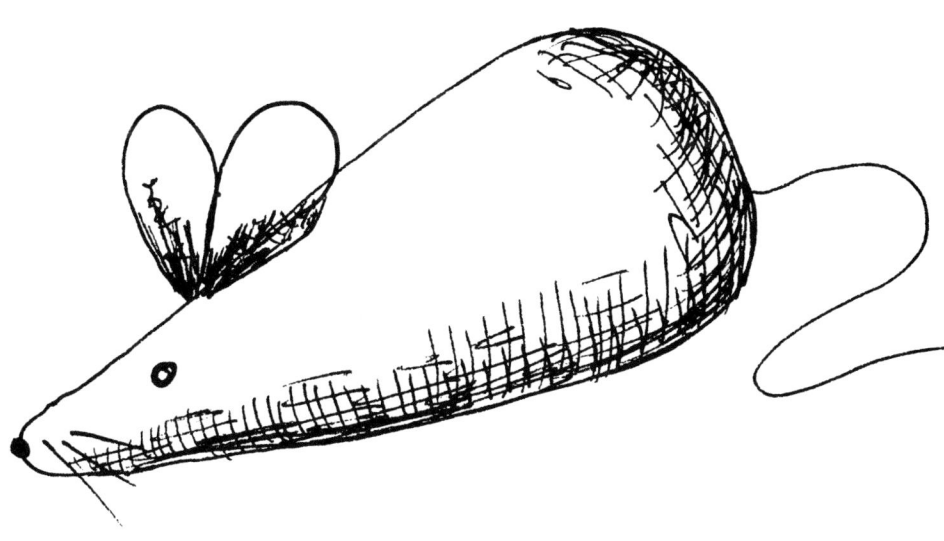

Klangkugel

Experimentierfreude, Motorik, Technik, Fantasie, Kreativität, Wahrnehmung

Material: gekämmte Rohwolle (natur und farbig), warmes Wasser, Schmierseife, Schüssel, kleine Klangkugel oder Film- bzw. Ü-Eier-Dose mit Reis, Linsen, Erbsen oder einem Glöckchen darin

Wie bei dem vorherigen Angebot handelt es sich hier um eine einfache, spielerische Möglichkeit, Kinder mit der Filzherstellung vertraut zu machen. Besonders schön ist, dass die Kinder das Endprodukt später als Spielmaterial einsetzen können.

Die Kinder wickeln die Wolle kreuzweise zu einer Kugel um die Klangkugel oder die Dose und tauchen diese in die vorbereitete warme Lauge (1 EL. Schmierseife pro 1 l Wasser). Dann seifen sie sich ihre Hände ein und drehen die Kugel vorsichtig zwischen ihren Handflächen. Legen die Kinder nach und nach hauchdünne farbige Wollschichten auf, erhält die Klangkugel eine interessante Farbstruktur. Wichtig ist, dass sie dabei jede weitere Schicht wieder gut mit Seifenlauge durchnässen. Den Vorgang des Eintauchens wiederholen die Kinder regelmäßig. Um den Filz weiter zu verdichten müssen die Kinder den Druck ihrer Handflächen immer mehr steigern. Zum Schluss bearbeiten sie die Kugel mit aller Kraft.

Die Klangkugel ist fertig, wenn sie zwischen zwei Fingern kaum noch zusammengedrückt werden kann. Jetzt müssen die Kinder sie nur noch mit klarem Wasser ausspülen.

Spielidee: Die Kinder verbinden sich die Augen mit einer Augenbinde und rollen sich gegenseitig die Klangperle zu. Dabei sind sie auf den Klang der Perle angewiesen, um wahrzunehmen, in welche Richtung die Kugel rollt. Welches Kind hat eine so gute Orientierung, dass es die Perle immer fängt?

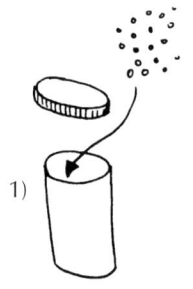
1)

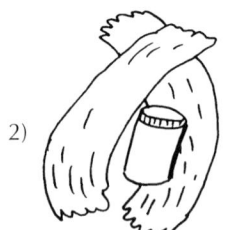
2)

3)

Filzball

Experimentierfreude, Motorik, Technik, Fantasie, Kreativität, Wahrnehmung

Material: gekämmte Rohwolle (natur und farbig), warmes Wasser, Schmierseife, Schüssel, Tennis- oder Tischtennisball

Da es sich bei einem Ball schon um ein größeres Filzobjekt handelt, ist es für die Kinder wichtig, ein Gerüst als Unterbau zu haben. Dieses erleichtert die Herstellung des Filzballes.
Die Kinder umwickeln ihren Ball so lange kreuzweise mit naturfarbener Rohwolle, bis er die gewünschte Größe hat. Dann tauchen sie ihn in die warme Lauge (1 EL. Schmierseife pro 1 l Wasser) und seifen ihre Hände ein. Vorsichtig rollen sie den Ball zwischen den Handflächen. Zwischendurch tauchen die Kinder ihn immer wieder in die warme Lauge. Hat sich die Rohwolle bereits etwas miteinander verfilzt, legen die Kinder als letzte Schicht eine hauchdünne Lage bunter Rohwolle auf. Wieder tränken sie den Ball gut mit warmer Lauge. Diesen nassen Ball rollen die Kinder wieder vorsichtig zwischen ihren eingeseiften Händen. Anfangs müssen die Kinder den Ball sehr vorsichtig behandeln. Erst nachdem sich die farbige Rohwolle mit der naturfarbenen Wolle verbunden hat, dürfen die Kinder den Ball immer heftiger drücken und rollen. Je länger der Ball so bearbeitet wird, desto fester wird er.
Zum Schluss, wenn der Ball hart ist, spülen die Kinder ihn mit klarem Wasser aus. Nachdem die Bälle getrocknet sind können die Kinder ihr Glück bei einer Jonglage probieren.

Filzapfel

Experimentierfreude, Motorik, Technik, Fantasie, Kreativität, Wahrnehmung

Material: gekämmte Rohwolle (natur, rot, gelb), Schmierseife, warmes Wasser, Schüssel, Filz (grün, braun), Schere, Nadel und Faden oder Klebstoff

Mit der Rohwolle formen die Kinder in ihrer Hand einen kleinen Ball. Dann wickeln die Kinder so lange gekämmte Rohwolle in dünnen Lagen kreuzweise um diesen Ball, bis er gerade noch in ihre Hand passt.

Nun tauchen die Kinder den Ball in die warme Lauge (1 EL. Schmierseife pro 1 l Wasser). Vorsichtig rollen sie ihn nun zwischen ihren Handflächen.
Solange die Rohwolle noch nicht angefilzt ist, können die Kinder dem Apfel noch eine entsprechende Farbe geben.
Dazu legen sie zuerst aus gelber Rohwolle eine dünne Lage über den Ball und anschließend eine noch dünnere (fast einem Spinnennetz ähnliche) rote Lage über die gelbe. Nun kann das eigentliche Filzen beginnen. Dazu tränken die Kinder den Ball immer wieder mit Seifenlauge und rollen ihn vorsichtig zwischen den Händen. Erst wenn die Rohwolle angefilzt ist und die einzelnen Wollfasern sich miteinander verbunden haben, rollen die Kinder den Ball kräftiger.
Ist der Ball hart, spülen sie ihn in klarem Wasser aus. Nachdem der Ball getrocknet ist, schneiden die Kinder Blätter und einen Stiel aus Filz zu. Diese befestigen die Kinder an ihrem Ball und fertig ist der knackige Apfel.

Tipp: Auf diese Weise können die Kinder auch Kartoffeln, Tomaten, Trauben oder Kirschen herstellen.
Je nach Jahreszeit können die Kinder auf diese Weise auch Weihnachtskugeln oder Ostereier (Achtung, etwas andere Form) filzen. Die Weihnachtskugeln können die Kinder anschließend mit einem dünnen Gold- oder Silberfaden umwickeln.
Und sicherlich fällt den Kindern noch viel mehr dazu ein.

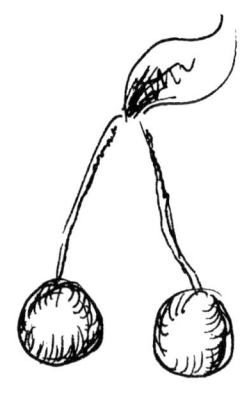

© Verlag an der Ruhr   Postfach 10 22 51
45422 Mülheim an der Ruhr   www.verlagruhr.de

Filzschlange

Experimentierfreude, Motorik, Technik, Fantasie, Kreativität, Wahrnehmung

Material: gekämmte Rohwolle (natur und farbig), Schmierseife, warmes Wasser, Schüssel, Baststrandmatte, Bastrollo oder Autogummimatte als Filzhilfe

Die Kinder legen die Filzhilfen auf den Tisch. Jedes Kind erhält ein 1 m langes Band naturfarbene Rohwolle. Die Kinder machen einen Knoten in ein Ende des Bandes. Die dort überstehenden kurzen Rohwollreste legen die Kinder kreuzförmig über den Knoten zurück. Diesen Knoten umwickeln sie kreuzweise mit kleinen Rohwollflocken. Zuerst tauchen die Kinder nur den Knoten und ein Stück des Bandes in die warme Lauge (1 EL. Schmierseife pro 1 l Wasser). Mit eingeseiften Händen rollen sie diesen Teil anfangs vorsichtig, später immer fester werdend über die Filzhilfe. Ab und zu tauchen sie das Band wieder in die Seifenlauge. Haben die Kinder das gesamte Band auf diese Weise bearbeitet, ist ein fester Schlangenkörper entstanden, den die Kinder nur noch mit klarem Wasser ausspülen müssen.

Abstrakte Filzbilder

Experimentierfreude, Motorik, Technik, Fantasie, Kreativität, Wahrnehmung

Material: gekämmte Rohwolle (natur und farbig), warmes Wasser, Schüssel, Schmierseife, Baststrandmatte, Bastrollo oder Autogummimatte als Filzhilfe, Fliegengitter, Handtuch

Kinder können auch bunte Bilder filzen. Sie können dabei abstrakt oder motivisch arbeiten.
Die Kinder reißen bunte Wolle in handgroße Flocken. Diese schichten sie versetzt übereinander auf die Filzhilfe. Es sollten mindestens zwei Lagen Rohwolle wie ein Ziegeldach

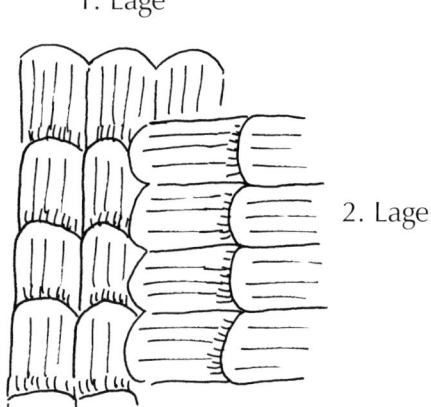

1. Lage

2. Lage

(siehe Zeichnung) übereinander liegen. Dabei schichten die Kinder entweder willkürlich bunte Wollflocken über und nebeneinander oder sie legen ein Motiv. Dann breiten sie das Fliegengitter über die gelegte Rohwollfläche. Die Kinder durchnässen die Fläche mit Seifenlauge (1 EL. Schmierseife pro 1 l Wasser). Dann kann das Filzen beginnen.

Die Kinder reiben immer wieder vorsichtig mit beiden Händen über das Fliegengitter, bis die darunter liegende Wolle verfilzt. Dabei nässen die Kinder die Fläche immer wieder neu ein. Sind die Wollfasern der Vorderseite eine feste Verbindung miteinander eingegangen, drehen die Kinder die Fläche um und bearbeiten sie rückseitig auf die gleiche Weise. Zum Schluss falten die Kinder ein großes Stück Fliegengitter in der Mitte zusammen, legen die gefilzte Fläche dazwischen und beides zusammen auf ein ausgebreitetes Handtuch. Das Ganze wickeln sie zu einer Rolle auf und rollen sie immer wieder hin und her. Nach einiger Zeit öffnen die Kinder die Handtuchrolle. Dieser Vorgang sollte sich mehrmals in verschiedene Wickelrichtungen wiederholen, bis die ganze Nässe herausgepresst ist.

Tipp: Das Filzen experimenteller Bilder lässt sich auf einem größeren Tisch auch mit Gruppen von vier bis sechs Kindern leicht realisieren. Filzen die Kinder eine abstrakte 30 x 30 cm Fläche, können sie daraus später eine Maske herstellen. Sie schneiden mit der Schere Augen, einen Mund oder sogar eine Nase ein. Auch die Ränder können sie gestaltend einschneiden. Mit Nadel und Faden befestigen die Kinder anschließend ein Gummi an der Maske.

Filzhut
ab 8 Jahre

Experimentierfreude, Motorik, Technik, Fantasie, Kreativität, Wahrnehmung

Material: gekämmte Rohwolle im Vlies, warmes Wasser, Schüssel, unbeschichtete Lacktischdecke, Fliegengitter, wasserfeste Filzstifte, Baststrandmatte, Bastrollo oder Autogummimatte als Filzhilfe

Probieren Sie dieses Angebot bitte aus, bevor Sie es mit Kindern praktizieren.
Zeichnen Sie die Beispielzeichnung des Hutes in Kinderkopfgröße ab. Kopieren Sie diese für jedes Kind. Die Kopiervorlage des Hutes übertragen die Kinder mit wasserfestem Filzstift auf die Lacktischdecke. Dann schneiden sie diese aus. Über den Lackhut legen die Kinder kreuzweise zwei bis drei

dünne Lagen Rohwollflocken. Die Wolle sollte 1 cm über den Rand hinausgelegt werden. Nun breiten sie das Fliegengitter über die Wolllagen und durchnässen das ganze mit Lauge (1 EL. Schmierseife pro 1 l Wasser). Mit eingeseiften Händen reiben die Kinder zunächst vorsichtig, dann allmählich mit immer stärkerem Druck über das Fliegengitter. Haben sich die Rohwollfasern auf dieser Seite zu einer dichten Fläche verfilzt, drehen die Kinder die Lacktischdecke mitsamt der verfilzten Wolle um. Der über den Rand hinausstehende Filz wird mit Seifenlauge auf die Lacktischdecke gestreift. Nun schichten die Kinder auch auf diese Seite der Lacktischdecke kreuzweise zwei bis drei Lagen Wollflocken. Erneut breiten sie das Fliegengitter über die Rohwolle und tränken sie mit Lauge. Auch auf dieser Seite reiben die Kinder erst vorsichtig und dann allmählich mit immer stärkerem Druck mit den Händen über das Fliegengitter. Ist auch diese Seite verfilzt, wird die nun beidseitig mit Filz bedeckte Lackfolie erneut gedreht und der überstehende Filz gut angefilzt. Anschließend rollen, walken und kneten die Kinder kräftig ihren Hut. Hat der Filz eine feste Konsistenz, schneiden die Kinder die Unterkante des Hutes auf. Dann nehmen sie die Lackfolie aus dem Hut heraus. Zum Schluss spülen die Kinder den Hut nur noch mit klarem Wasser aus.

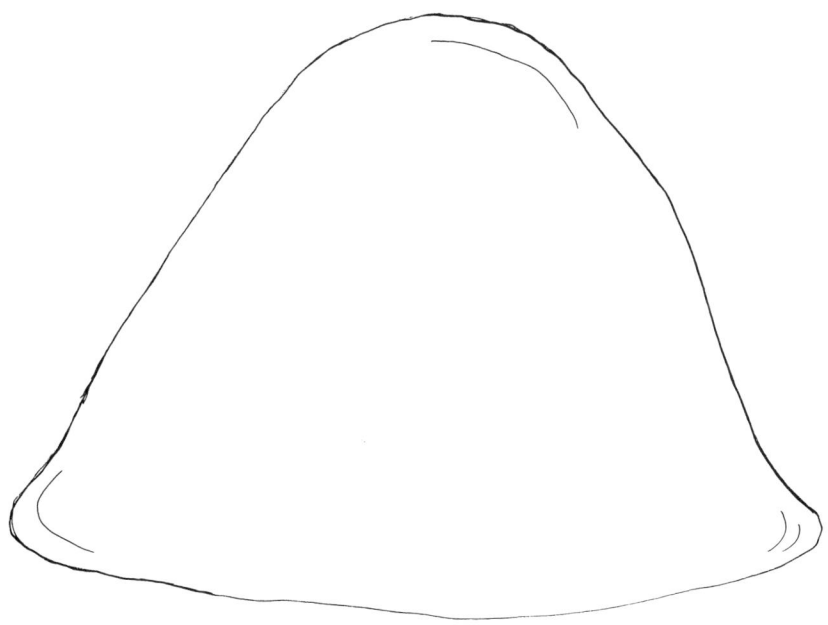

Filzarmreif

ab 8 Jahre

Experimentierfreude, Motorik, Technik, Fantasie, Kreativität,
Wahrnehmung

Material: gekämmte Rohwolle, Schmierseife, warmes Wasser, Schüssel

Schmuck ist bei Kindern immer sehr beliebt. Schmuck kann man auch aus
Filz herstellen.
Die Kinder wickeln sich einen fingerdicken Streifen der Rohwolle dreimal
quer um ihre Hand. Sie durchnässen die Rohwolle mit Lauge (1 EL. Schmierseife pro 1 l Wasser) und rollen diese vorsichtig zwischen den Handflächen
hin und her. Ist der Streifen durch das Rollen und Pressen zwischen den
Händen schon fester geworden, können die Kinder mehr Druck ausüben.
Sie rollen den Streifen zwischen ihren Handflächen, bis ein fester Filzarmreif
entstanden ist.

Papiertragetaschen mit Filzdekoration

ab 5 Jahre

Experimentierfreude, Motorik, Technik, Fantasie, Kreativität,
Wahrnehmung

Material: Filzplatten, Schere, Zick-Zack-Schere, Klebstoff, Perlen,
Knöpfe, Pailletten oder andere dekorative Materialien,
Papiertragetaschen

Filz ist ein Material, das die Kinder spielend
leicht in Form schneiden können. Aus einzelnen
zugeschnittenen Formen können sie schnell und
einfach größere Motive zusammensetzen. Aus
einem grünen Dreieck und einem kleinen
braunen Rechteck z.B. können sie einen Tannenbaum, aus einem Quadrat und einem entsprechend großen Dreieck ein Haus gestalten.
Die Kinder schneiden aus buntem Filz viele
verschiedene einfache geometrische Formen aus
(große und kleine Quadrate, große und kleine
Dreiecke, große und kleine Kreis usw.).

Aus diesen Formen setzen die Kinder verschiedene Motive zusammen und kleben diese auf einfache Papiertragetaschen. So entstehen wunderschöne, dekorative Geschenke.

Wer möchte, kann die Taschen zusätzlich mit Knöpfen, Perlen und Pailletten bekleben.

Herbstliche Filzgardine ab 6 Jahre

Experimentierfreude, Motorik, Technik, Fantasie, Kreativität

Material: Filz (in herbstlichen Farben), Stifte, Schere, Nadel und Faden, gesammelte und gepresste Blätter von Buche, Eiche, Ahorn usw., Gardinenstange

Bei diesem Angebot gestalten die Kinder gemeinsam eine herbstliche Filzgardine. Die Blätter dienen den Kindern als Schnittmuster für den Filz.

Die Kinder legen die Blätter auf den Filz und umfahren diese mit einem Stift. Entlang der gezeichneten Linie schneiden sie die Blätter aus. Anschließend erstellt jedes Kind mit seinen Blättern eine Art Girlande. Dazu fädeln die Kinder die Blätter am Stiel mit Nadel und Faden auf. Damit die Blätter nicht an einer Stelle zusammenrutschen, machen die Kinder zwischen den aufgefädelten Blättern einen Knoten. Zum Schluss befestigen sie ihre Girlanden an einer Gardinenstange.

Beim Öffnen des Fensters werden sie sich wie vom Baum herabfallende Blätter im Wind drehen.

Schmuckschatulle

Experimentierfreude, Motorik, Technik, Fantasie, Kreativität, Wahrnehmung

Material: Filz, eventuell auch Baumwollstoff, Schere, Borten, Spitzen, Alleskleber, Perlen, Pailletten, Schuhkarton

Bei diesem Angebot gestalten die Kinder mit ganz einfachen Mitteln aus einem Schuhkarton eine kostbare Schmuckschatulle.
Dazu bekleben die Kinder alle Seiten ihres Schuhkartons mit Filz. Um jeweils die richtigen Maße für die einzelnen zu beklebenden Flächen zu erhalten, dienen diese selbst als Schablone. Die Kinder bestreichen die jeweils zu bearbeitende Seite mit Alleskleber und drücken diese dann auf den Filz. Den überstehenden Filz schneiden die Kinder ab. Die übrigen Flächen bearbeiten die Kinder auf die gleiche Weise. Haben sie alle Seiten des Schuhkartons mit Filz beklebt, verzieren sie ihn mit dekorativen Elementen wie Perlen, Borten, Spitzen usw.

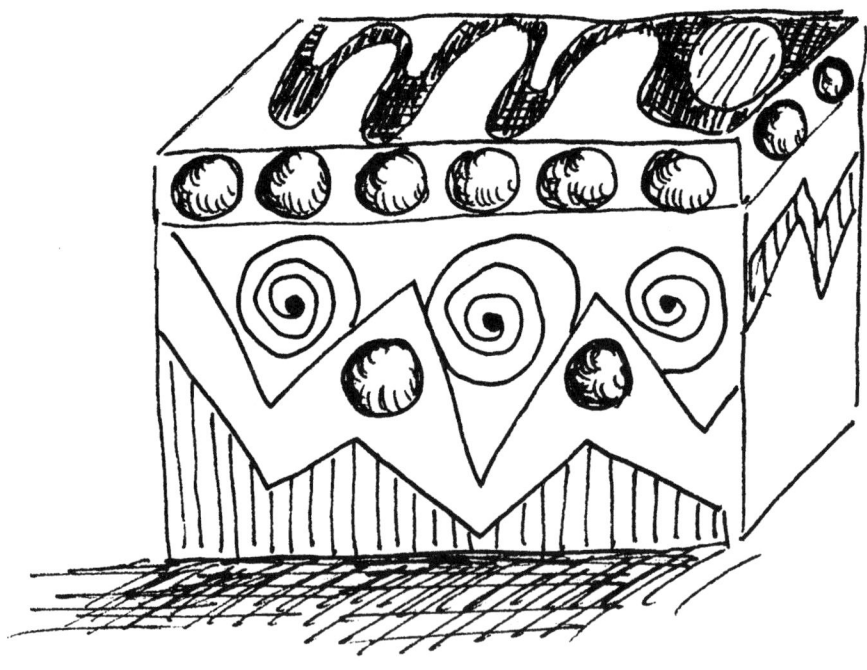

Filzeinband

Experimentierfreude, Motorik, Technik, Fantasie, Kreativität

Material: 0,5 m Filz, Schere, Nadel und Faden, Klebstoff, Tacker, Buch, Bügeleisen, Borten, Spitzen

Ganz gleich, ob es sich um ein Märchenbuch, das Aufgabenbuch oder den Terminkalender handelt: Bücher werden durch eine Hülle geschützt. Solche Buchhüllen lassen sich mit Filz sehr einfach gestalten. Das entsprechende Buch gibt den Kindern das Maß vor.
Die Kinder schneiden aus dem Filz ein Rechteck mit folgenden Seitenlängen: dreimal die Länge des zugeklappten Buches und einmal die Höhe des Buches plus eine Zugabe von 4 cm.

Beispiel: Hat ein Buch die Breite von 10 cm, so muss der zugeschnittene Filz eine Breite von 30 cm haben. Bei einer Buchhöhe von 15 cm benötigt der gleiche Filz eine Höhe von 19 cm. Auf den so zugeschnittenen Filz legen die Kinder zentriert ihr Buch. Die rechts und links überstehenden Filzstreifen bügeln sie mit dem Bügeleisen nach innen. Den oberen und unteren Rand nähen, kleben oder tackern die Kinder anschließend zusammen. So entstehen die Taschen, in die die Rück- und Vorderseite des Buches eingehängt werden. Die Front- und Rückseite der Filzhülle können die Kinder anschließend mit Borten und Spitzen bekleben.

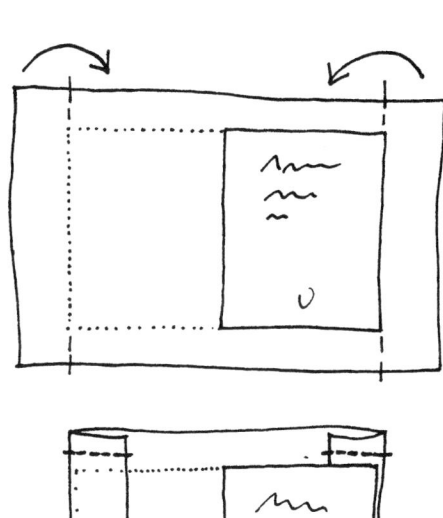

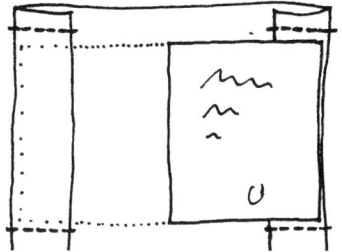

Filzmöhren

Experimentierfreude, Motorik, Technik, Fantasie, Kreativität, Wahrnehmung

Material: Filz (grün und orange), Nadel, Faden, Schere, Teller, Füllwatte, Heißklebepistole

Die Kinder legen den Teller auf den orangen Filz und umfahren ihn mit einem Stift. Diesen Filzkreis schneiden sie aus und falten ihn zweimal in der Mitte. Dann zerschneiden die Kinder den Kreis in die so entstandenen Viertel. Die äußeren Kanten eines Viertels legen sie randbündig aufeinander und nähen, kleben oder tackern sie zusammen. Dann stülpen die Kinder die Möhre nach rechts, sodass die Kante im Inneren der Möhre liegt. Das Innere füllen sie prall mit Füllwatte und schließen die Öffnung. Dazu reihen die Kinder den Filz rundherum mit groben Stichen auf einen Faden auf, ziehen diesen eng zusammen und vernähen ihn.

Aus grünem Filz schneiden die Kinder nun einen 10 x 5 cm langen Streifen zu. Diesen schneiden sie alle 0,5 cm auf einer Streifenseite 4 cm tief ein. Diesen Streifen rollen die Kinder zu einer Schnecke auf und fixieren das Ende mit Klebstoff. Damit ist das Rübengrün fertig, das mit der Heißklebepistole auf der Rübenöffnung festgeklebt wird. Um diese Klebestelle zu verschönern, umwickeln die Kinder sie mit etwas Bast.

Verbinden die Kinder ihre Möhren miteinander, entsteht eine schöne Möhrengirlande, mit der am Ostermorgen der Frühstückstisch dekoriert werden kann.

Bestimmt entwickeln die Kinder während des Gestaltens eigene Ideen, wie sie Gemüse aus Filz herstellen können.

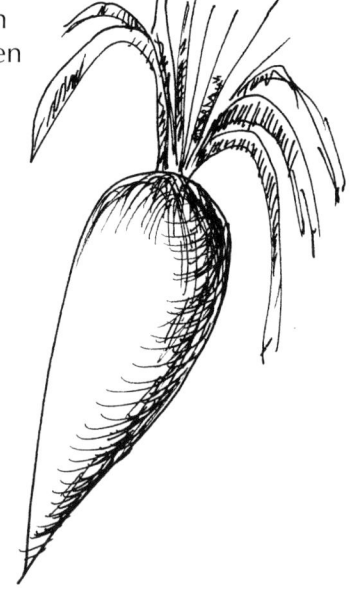

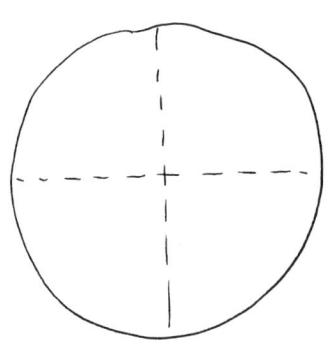

© Verlag an der Ruhr Postfach 10 22 51
45422 Mülheim an der Ruhr www.verlagruhr.de

Filzscherenschnitt

Experimentierfreude, Motorik, Technik, Fantasie, Kreativität, Wahrnehmung

Material: Filzplatten, Schere, Teller, Stift

Bei diesem Angebot geht es um das Zuschneiden von Filz zu einer Art Lochmuster oder filigranem Stern. Die Kinder legen einen Teller auf den Filz und umfahren ihn mit einem Stift. Den Kreis schneiden sie aus und falten ihn dreimal jeweils in der Mitte. Nun schneiden die Kinder an allen Seiten Muster ein. Falten sie den Filz später auseinander, erscheinen wunderschöne filigrane Sterne und Muster. Für die Kinder, die den dreifach gefalteten Filz noch nicht schneiden können, genügen auch schon die beiden ersten Faltvorgänge.

Filzwebbilder

Experimentierfreude, Motorik, Technik, Fantasie, Kreativität, Wahrnehmung

Material: zwei Filzplatten (DIN-A4) in verschiedenen Farben (Komplementärfarben sehen besonders gut aus), Schere

Faltkante

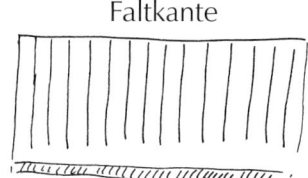

Filz ist ein leicht zu bearbeitendes Textilmaterial, das Kinder anspricht. Eine eingeschnittene Filzplatte können sie z.B. zum Weben benutzen. Die Kinder falten eine der Filzplatten in der Mitte zusammen und schneiden sie entsprechend der Zeichnung von der Faltkante her ein. An allen Seiten der Filzplatte müssen die Kinder einen gleich großen Rand lassen. Die Einschnitte können sowohl gerade als auch wellig sein. Die

Faltkante

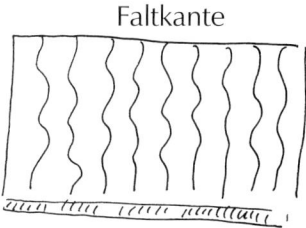

Kinder klappen die Filzplatte wieder auf und eine Webkette aus Filz wird sichtbar. Nun wird die zweite Filzplatte der Breite nach in schmale Streifen geschnitten. Diese Streifen weben die Kinder durch Auf und Abbewegungen in die Filzkette ein. Dabei führen sie die Filzstreifen einmal unter und einmal über einen Streifen der Filzwebkette. In der nächsten Reihe arbeiten sie dann versetzt. So entsteht ein interessantes Filzwebbild.

Filzblumen

Motorik, Technik, Fantasie, Kreativität

Material: bunte Filzplatten, Schere, Klebstoff, Nadel und Faden, eventuell Perlen

Aus Filz lassen sich auf ganz einfache Art und Weise verschiedene plastische Blumen gestalten.
Zwei Möglichkeiten werden hier vorgestellt:

1. Aus dem Filz schneiden die Kinder 15 cm lange und 3 cm breite Streifen. Diese schneiden sie entsprechend der Zeichnung ein. Dann rollen die Kinder die eingeschnittenen Filzstreifen zu einer Schnecke auf. Das Ende des Streifens kleben die Kinder fest. Die aufgerollten Fransen drücken sie nun von innen nach außen zu einer Blume auseinander.

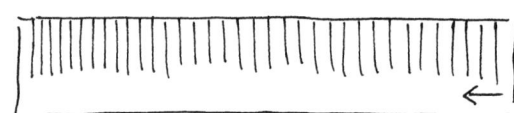

2. Mithilfe eines Filmdöschens malen die Kinder Kreise auf die Filzplatten. Für eine Blume benötigen sie ungefähr 10 Filzkreise. Diese schneiden die Kinder aus und falten sie einmal in der Mitte. An einem Ende der Faltkante fädeln die Kinder nun die Blütenblätter im Wechsel mit einer Perle auf. Dabei müssen die Kinder darauf achten, dass alle Blütenblätter in gleicher Richtung übereinander liegen. Zum Schluss drücken die Kinder die Faltung der Blütenblätter vorsichtig wieder auseinander.

Tipp: Wenn die Kinder genügend bunte Blumen gestaltet haben, können sie diese zu einer bunten Blumenwiese auf ein grünes Bettlaken aufnähen.

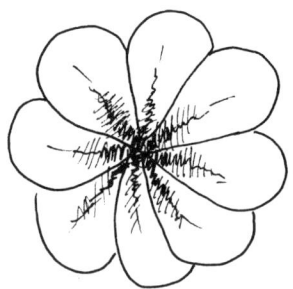

Filzketten

Motorik, Technik, Fantasie, Kreativität

Material: Filzplatten, Nadel, Faden, Perlen, Filmdöschen, Kugelschreiber, Schere

Filz ist vielseitig verwendbar. Auch
Schmuck können Kinder daraus sehr leicht
herstellen. Gerade Mädchen werden von
dieser Idee begeistert sein.
Mithilfe des Filmdöschens malen die
Kinder mit dem Kugelschreiber viele kleine
Kreise auf die Filzplatten. Diese schneiden
sie anschließend aus. Finden Kinder auch
andere kleine Schablonen, z.B. Dreiecke
oder Quadrate in der Größe des Film-
döschenbodens, können sie auch diese
umfahren und ausschneiden. Alle Formen
fädeln die Kinder mit einer Nadel anschließend im Wechsel mit einer Perle auf einen
Faden, bis eine lange Kette entstanden ist.
Die beiden Enden der Kette verknoten die

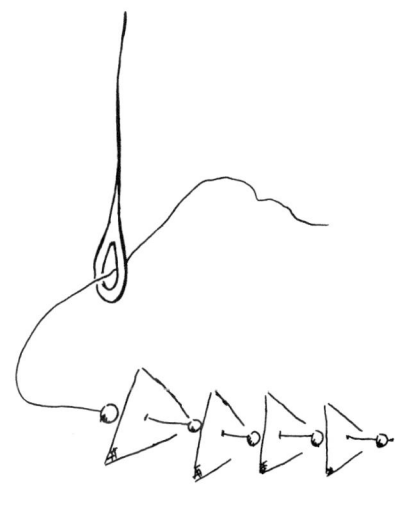

Kinder miteinander. Dann kann die Schmuckmodenschau beginnen.
Die Kinder entdecken sicherlich noch viele andere Gestaltungs-
möglichkeiten. Dabei ist es wichtig, den
Kindern kreativen Spielraum zu lassen.

 Tipp: Statt des Fadens können die
Kinder auch Smoggummi verwenden.
Da der Smoggummi nachgibt, lässt sich die
Kette besser über den Kopf streifen. Auf
diese Weise können die Kinder auch ein
Armband gestalten.

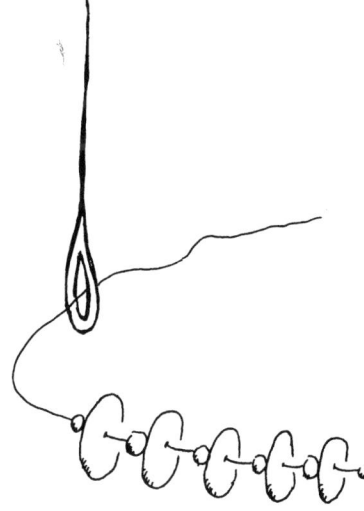

Das Filzspiel

ab 6 Jahre

Motorik, Technik, Fantasie, Kreativität, Kooperation, Interaktion, Kooperation, soziale Kompetenz

Material: Filzplatten (rot, gelb und blau), Schere, Bettlaken, Vliesofix, Bügeleisen, motivfreier Würfel, bunte Filzstifte, 4 Pappkärtchen

In diesem Angebot stellen die Kinder gemeinsam ein Spiel her, das sie nach der Fertigstellung direkt spielen können.

Die Kinder malen auf Filzplatten DIN-A3 große Formen auf. Vier Kreise in Rot, vier Kreise in Gelb, vier Dreiecke in Rot, vier Dreiecke in Blau, vier Quadrate in Gelb, vier Quadrate in Blau. Diese schneiden sie aus und bügeln sie mithilfe des Vliesofix kreuz und quer auf das Bettlaken. Daraufhin bemalen die Kinder mit Filzstiften den Würfel mit einem roten und einem gelben Kreis, einem roten und einem blauen Dreieck, einem gelben und einem blauen Quadrat. Des Weiteren beschriften die Kinder die Pappkärtchen mit den Aufschriften rechter Arm, linker Arm, rechtes Bein und linkes Bein.

Dann kann das Spiel beginnen. Jeweils drei Kinder spielen miteinander. Durch Würfeln und Ziehen der Karten bestimmen sie, mit welchem Körperteil sie welche farbige Form berühren müssen. Dabei ziehen sie immer zuerst ein Körperteil und würfeln dann die Form. Das Spiel ist beendet, wenn alle Kinder alle Körperteile auf einer Form platziert haben. Unter Umständen ist die Platzierung der Körperteile auf den entsprechenden Formen gar nicht so einfach und erfordert die Fähigkeiten eines Schlangenmenschen.

Filzhutkünstler

ab 5 Jahre

Motorik, Technik, Fantasie, Kreativität, Wahrnehmung

Material: Filzhut (z.B. von Seite 90), Schere, Zick-Zack-Schere, Klebstoff, Knöpfe, Perlen, Nadel und Faden, Stoffreste, Kreppbänder usw.

Kinder verkleiden sich sehr gerne und sind stolz, wenn sie ihre Verkleidung selbst gestalten können. In diesem Angebot geben die Kinder Filzhüten ein neues Design. Dazu können sie entweder alte Hüte vom Flohmarkt oder den selbst gefilzten von Seite 90 nehmen.

Die Kinder schneiden in den Rand oder den Kopf des Filzhutes, nähen Knöpfe und Perlen auf, bekleben ihn mit Stoffen oder versehen ihn mit Schleifen und Bändern, gedrehten Kordeln usw … Der Fantasie der Kinder sind keine Grenzen gesetzt.

Wer von den Kindern wird wohl am Ende den originellsten Hut gestaltet haben?

Filzbilderrahmen ab 6 Jahre

Motorik, Technik, Fantasie, Kreativität, Wahrnehmung

Material: Filzplatten, kleiner rahmenloser Glasbilderrahmen, Klebstoff, Schere, Zick-Zack-Schere

Mit Filz lassen sich mit Kindern sehr leicht und ohne großen Aufwand schöne Mosaikarbeiten anfertigen.

Die Kinder schneiden die Filzplatten in viele kleine Schnipsel oder viele kleine Dreiecke, Quadrate und Kreise. Schneiden sie diese Schnipsel mit der Zick-Zack-Schere, wirken die Formen zusätzlich durch ihr Zick-Zack-Muster. Diese Formen kleben die Kinder dicht an dicht in willkürlich gewählten bunten Mustern entlang der Außenkante des Glasbilderrahmens auf. Dabei muss der Filzrahmen zur Bildmitte hin nicht bündig sein. Die Kinder können das Rahmenmotiv auch in die Glasmitte hineinlaufen lassen (siehe Zeichnung). Dabei sollten sie jedoch berücksichtigen, dass es sich um einen Rahmen handelt und nicht um ein das gesamte Glas bedeckendes Motiv.

© Verlag an der Ruhr   Postfach 10 22 51
45422 Mülheim an der Ruhr   www.verlagruhr.de

Textiles Gestalten heißt: Handarbeiten

Aktivitäten rund ums Stricken, Sticken und Häkeln

Stricken, Häkeln und Sticken sind traditionelle gestalterisch-handwerkliche Techniken, die auf den Materialien Wolle und Faden beruhen. Kinder kennen diese Techniken oft nur in Verbindung mit ihrer Großmutter, die schon mal Strümpfe strickt oder Topflappen häkelt. Da es sich dabei um recht komplizierte Fadentechniken handelt, stellt sich die Frage, ob Kinder diese scheinbar altmodisch gewordenen Handarbeiten überhaupt erlernen können und sollen. Sicherlich werden sie diese noch nicht exakt durchführen können, aber darum soll es in den nächsten Angeboten auch gar nicht gehen.
Ziel dieses Kapitels ist, Kinder spielerisch an diese Handarbeiten heranzuführen, ihr Interesse für alte Handarbeitstechniken zu wecken und das Vorurteil abzubauen, Stricken, Häkeln und Sticken seien im Computerzeitalter nur etwas für Omas.

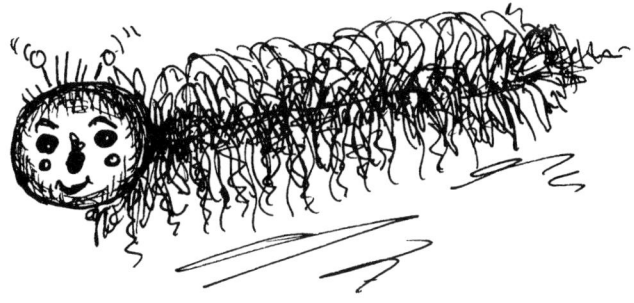

Stricken

Stricken ist eine nicht gerade einfache handwerkliche Tätigkeit für Kinder, da hier mit mehreren Nadeln gearbeitet wird. Doch Kinder müssen das Stricken noch nicht in seiner ganzen Komplexität beherrschen. Um Kinder an das Stricken heranzuführen, reichen verschiedene Strickgabeln und Strickliesel vollkommen aus. Sie sind handlich, kindgerecht und lassen den Kindern viel kreativen Spielraum. Beispiele dafür werden in diesem Kapitel gegeben.

Maschen-Sammeln   ab 6 Jahre

Motorik, Technik

Material: Wolle, Stricknadel

Bei dieser Übung lernen die Kinder das Aufnehmen von Maschen auf eine Stricknadel. Die Kinder erstellen eine erste Schlinge und fixieren diese mit einem Knoten. Diese Schlinge ziehen die Kinder auf die Stricknadel auf. Um Maschen aufzunehmen, formen die Kinder eine Wollschlinge nach der anderen und fädeln diese auf die Stricknadel auf. Dazu wickeln sie die Wolle zweimal um den Daumen. Dort lassen sie den Faden fallen. Dann ziehen sie den unteren Faden mit der Stricknadel über den oberen Faden und über den Daumen. Nun nehmen sie den auf dem Daumen verbliebenen Faden mit der Nadel auf. Fertig ist die Masche. Diesen Vorgang wiederholen die Kinder jetzt immer wieder.

 Tipp: Beherrschen die Kinder das Maschenaufnehmen, können sie zum Üben ein Spiel daraus machen. Wer schafft es, innerhalb einer bestimmten Zeit die meisten Maschen aufzunehmen?

Fingerstricken   ab 6 Jahre

Motorik, Technik

Material: Wolle

Das Fingerstricken ist eine Technik, bei der keine Stricknadeln benötigt werden, da wie der Name schon sagt, die eigenen Finger eingesetzt werden.

Die Kinder halten die Handinnenfläche einer Hand zu sich und spreizen ihre Finger. Nun winden sie die Wolle um ihre Finger. Dazu wird die Wolle von vorne zwischen Daumen und Zeigefinger nach hinten geführt. Von dort winden sie ihn jeweils einmal um jeden Finger. So sitzt jeder Finger anschließend in einer Fadenschlaufe. Dann führen die Kinder den Faden vorne an den Fingern zurück zum Daumen. Dabei muss der Wollfaden anschließend oberhalb der vorher erarbeiteten Schlingen und zwischen Daumen und Zeigefinger liegen. Nun beginnt das Fingerstricken.

Die Kinder schieben die Schlaufen über den Querfaden und über die Fingerspitzen. Der Querfaden wird dabei zu neuen Schlaufen. Erneut legen die Kinder das Ende des ersten Querfadens vor den Fingern wieder zurück zum kleinen Finger. Und wieder ziehen die Kinder die zuvor entstandenen Schlaufen über den neuen Querfaden. Diese Arbeitsschritte wiederholen sich jetzt immer wieder. So entsteht an der Handaußenfläche Schlaufe für Schlaufe ein Gewebe. Hat das Gewebe die gewünschte Länge, ziehen die Kinder die letzten Schlaufen von den Fingern und verknoten das Fadenende.

 Tipp: Statt der Finger können die Kinder auch einen breiten Dauerwellenkamm benutzen

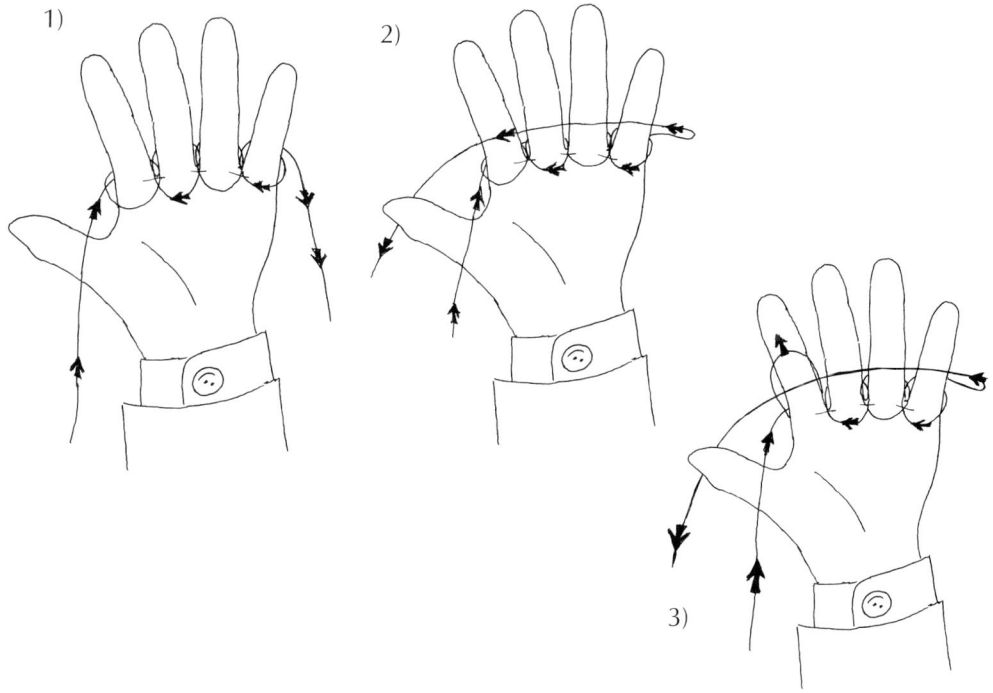

Strickgabel

Motorik, Technik

Material: Strickgabel, Wolle

Eine weitere Möglichkeit, Kinder mit der Kunst des Strickens vertraut zu machen, ist das Stricken mit einer so genannten Strickgabel. Arbeiten die Kinder mit der Strickgabel, so bildet sich über zwei Maschen eine Kordel. Die Kinder nehmen die Gabel in eine Hand und führen die Wolle von Vorne nach Hinten durch das Loch. Sie halten diesen Wollfaden mit dem Daumen auf der Gabel fest. Nun führen die Kinder den Faden zweimal um die Zinken, indem sie ihn zweimal wie eine Acht um diese herumlegen. Zum Schluss befindet sich der Faden hinter der Gabel.
Die Kinder heben die unteren Schlingen nun über die oberen Schlingen und über die Zinken. Ab jetzt schlingen die Kinder nur noch eine Acht um die Zinken und heben die unteren Schlingen wieder über die oberen. Nun wiederholen sich die Abläufe immer wieder. Ziehen die Kinder ab und zu an dem Faden, den sie mit dem Daumen festhalten, kann sich die Strickschnur noch besser festigen.

 Tipp: Statt einer Strickgabel können die Kinder auch den Zeige- und Mittelfinger einer Hand benutzen.

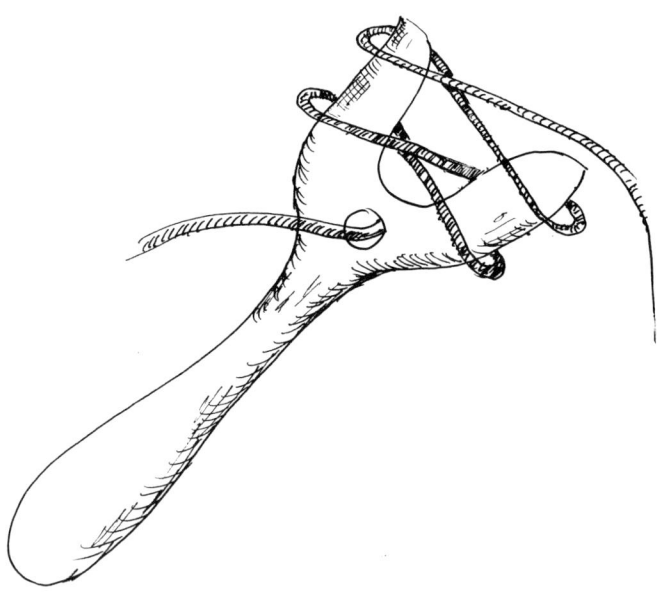

© Verlag an der Ruhr Postfach 10 22 51
45422 Mülheim an der Ruhr www.verlagruhr.de

Stricken mit der Strickliesel

ab 6 Jahre

Motorik, Technik

Material: Strickliesel, Wolle, Stricknadel, Stopfnadel

Eine andere Möglichkeit, Kinder an das Stricken heranzuführen, ist das Stricken mit der Strickliesel. Im Unterschied zur Strickgabel arbeiten die Kinder hier mit vier Zinken (Kronenspitzen der Strickliesel). Dadurch besteht die Schnur in einer Reihe aus vier Maschen und ist deshalb wesentlich fester.
Die Kinder schieben den Wollfaden durch den Kopf der Liesel, sodass er an den Füßen wieder sichtbar wird. Dann schlingen sie den Wollfaden entsprechend der Zeichnung um die Krone der Strickliesel.
Zum Stricken wickeln die Kinder den

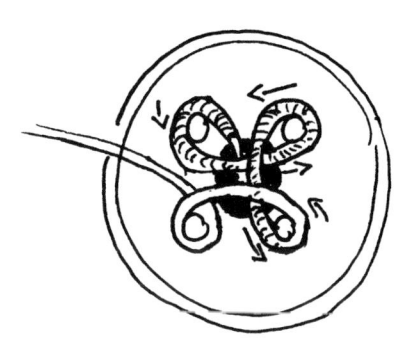

Faden außen um die Zinken herum und zwar so, dass der Faden über den zuvor gelegten Schlingen verläuft. Nun heben die Kinder mit der Stricknadel die Schlingen über den Faden und über die Zinke. Der zuvor um die Krone gelegte Faden wird so zu einer neuen Schlinge. Auf diese Weise stricken die Kinder so lange weiter, bis ihnen die Strickschnur lang genug ist. Ziehen die Kinder ab und zu an dem Faden, der an den Füßen der Liesel heraushängt, können sie besser stricken und die Strickschnur wird gefestigt. Wie lange wird es wohl dauern, bis die Kinder den Beginn ihrer Strickschnur zum ersten Mal zu Gesicht bekommen?
Die letzten Maschen fädeln die Kinder mit einer Stopfnadel und einem Wollfaden auf, raffen sie zusammen und vernähen den Faden.

Bauanleitung für verschiedene Stricklieseln

Motorik, Technik, Kreativität

Material: verschiedene feste Pappröhren, Messingnägel (2 mm dick, 2 cm lang, mit Linsenkopf), festes Klebeband, Bastelsäge, Schere, Heißklebepistole

Der Vorteil dieser selbst gebauten Stricklieseln besteht darin, dass man selber die Dicke der Strickschnüre bestimmen kann. Diese richtet sich nach der Anzahl der Zinken, die in den selbst gebauten Lieseln durch Nägel ersetzt sind. Je mehr Nägel, desto dicker die Schnur.

Die Kinder sägen sich die Pappröhren zu einer handlichen Form zurecht. Am Röhrenrand befestigen sie gleichmäßig verteilt die Messingnägel. Die Kinder müssen darauf achten, dass die Nagelköpfe etwa 1 cm über den Pappröhrenrand hinausragen. Dann überkleben die Kinder die Nagelspitzen mehrfach sehr stramm mit stabilem Klebeband. Dadurch erhalten die Nägel ihren Halt.

- Bei einer Röhre mit 3 cm Durchmesser ist es ratsam, 6 Nägel an der Röhre zu befestigen.
- Bei einer Röhre mit 5 cm Durchmesser ist es ratsam, 11 Nägel an der Röhre zu befestigen.
- Bei einer Röhre mit 8 cm Durchmesser ist es ratsam, 16 Nägel an der Röhre zu befestigen.

Nun kann das Stricken beginnen. Die Strickanleitung finden Sie auf Seite 107, „Stricken mit der Strickliesel".

Gestalten mit Strickschnüren

Die Strickschnüre, die für die folgenden Angebote benötigt werden, können die Kinder mit ihrer Strickliesel selbst anfertigen. Man erhält sie aber auch als Meterware in verschiedenen Durchmessern im Bastelhandel.

Strickschlangen ab 5 Jahre

Motorik, Technik, Fantasie, Kreativität, Wahrnehmung

Material: 50 cm langer Strickschlauch einer Strickliesel mit vier Zinken, Blumenbindedraht (53 cm lang), kleine Zange, Nadel und Faden, zwei kleine Perlen, roter Filz, Schere

Die Kinder formen mithilfe der Zange an einem Ende des Drahtes eine größere Öse. Diese bildet später den Kopf der Schlange. Zusätzlich lässt sich der Draht mit der Öse besser durch den Strickschlauch schieben. Haben die Kinder die Öse bis an das Ende des Schlauchs geschoben, erhält die Schlange mit ein paar Nadelstichen zwei Augen aus Perlen. Nun fehlt ihr nur noch die gespaltene, spitze Zunge. Diese schneiden die Kinder aus rotem Filz zu (schmaler Filzstreifen, aus dem sie an einem Ende ein spitzes Dreieck herausschneiden). Diese befestigen die Kinder anschließend ebenfalls mit ein paar Nadelstichen am Kopf. Fertig ist die Schlange, die sich nun in alle Richtungen winden kann.

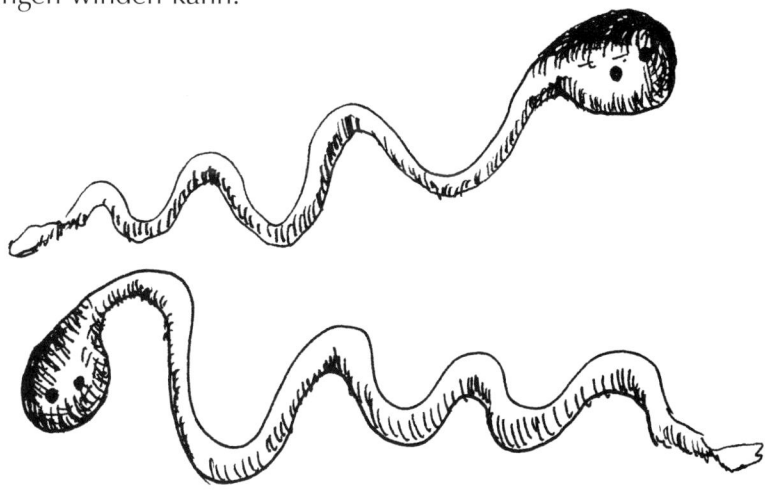

Strickblumen

ab 5 Jahre

Motorik, Technik, Fantasie, Kreativität, Wahrnehmung

Material: 40 cm langer Strickschlauch einer Strickliesel mit vier Zinken, davon ungefähr 13 cm aus grüner Wolle (Stiel), etwa 25 cm aus roter, blauer oder weißer Wolle (Blütenblätter) und 2 cm aus gelber Wolle (Blütenstand), Blumenbindedraht (43 cm lang), kleine Zange, Nadel und Faden,

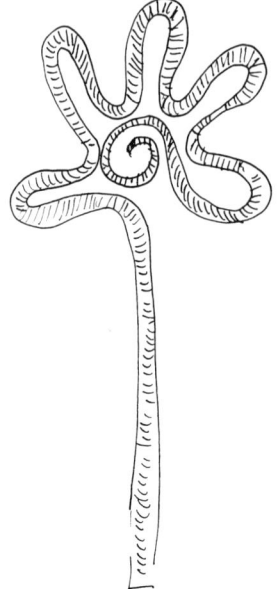

Um den Draht besser durch den Strickschlauch schieben zu können, formen die Kinder aus einem Drahtende eine kleine Öse. Sie biegen den Draht im Schlauch entsprechend der Zeichnung zu einer Blume. Viele dieser Blumen ergeben einen schönen Blumenstrauß.

 Tipp: Wie wäre es mit einem ebenso gestalteten Herz, Stern oder Schneekristall? Auf diese Weise lässt sich sicher ein schöner Baumbehang gestalten.

Strickschnecken

ab 6 Jahre

Motorik, Technik, Fantasie, Kreativität, Wahrnehmung

Material: 50 cm langer Strickschlauch einer Strickliesel mit vier Zinken, Blumenbindedraht (53 cm lang), kleine Zange, Nadel und Faden, zwei kleine Perlen

Die Kinder biegen den Draht mithilfe der Zange an einem Ende zu einer kleinen Öse. Dadurch lässt er sich nun besser durch die Strickschnur schieben. Ist der Draht am anderen Ende des Strickschlauches angekommen, sollten die Kinder darauf achten, dass an beiden Enden der Draht etwas herausschaut. Die Kinder biegen nun ihren Strickschlauch in der Mitte zusammen, sodass beide Strickschlauchenden auf einer Seite liegen. Auf die beiden Drahtenden fädeln die Kinder nun je eine Perle auf. Anschließend biegen sie den Draht mit der Zange hinter der Perle kurz um, damit diese

© Verlag an der Ruhr Postfach 10 22 51
45422 Mülheim an der Ruhr www.verlagruhr.de

nicht mehr aus dem Draht rutschen kann. Fertig sind die Fühler der Schnecke.

Jetzt fehlt der Schnecke nur noch das Schneckenhaus. Dazu winden die Kinder das doppelte Ende zu einer Spirale auf.

Strickschwäne

ab 5 Jahre

Motorik, Technik, Fantasie, Kreativität, Wahrnehmung

Material: 50 cm langer Strickschlauch einer Strickliesel mit vier Zinken, davon ungefähr 46 cm weiß (Körper) und 4 cm rot (Schnabel), Blumenbindedraht (53 cm lang), kleine Zange, weiße Feder

Die Kinder formen aus einem Drahtende eine kleine Öse, um den Draht besser durch den Strickschlauch schieben zu können. Dann biegen sie den Draht innerhalb des Strickschlauches entsprechend der Zeichnung zu einem Schwan. Als Schwänzchen erhält der Schwan eine zusätzliche weiße Feder. Diese schieben die Kinder in das Strickwerk ein und kleben sie fest. Mehrere von diesen Schwänen lassen sich zu einem wunderschönen Mobile zusammenstellen.

 Tipp: Wie wäre es mit weiteren Tieren, die die Kinder entsprechend der Vorzeichnungen biegen können?

Fisch: 25 cm in Regenbogenfarben, Blumenbindedraht 28 cm lang

Hase: 40 cm in braun, Blumenbindedraht 43 cm lang

Raupe Nimmersatt

Motorik, Technik, Fantasie, Kreativität, Wahrnehmung

Material: Strickschlauch in unterschiedlichen Farben einer Strickliesel mit 11 Zinken (Länge je nach Bedarf), Wattekugeln (2,5 cm Durchmesser), zwei Holzperlen, zwei kleine Knöpfe, roter Filz, Schere, Nadel, Wolle, Pfeifenputzer, Klebstoff

Bei der Raupe Nimmersatt bestimmt jedes Kind, wie groß seine Raupe werden soll. Die Kinder schieben ihre Wattekugeln in den Schlauch. Zwischen den Wattekugeln binden sie die Strickschnur mit einem Wollfaden ab. Haben die Kinder den gesamten Schlauch mit Wattekugeln gefüllt, fädeln sie die letzten Maschen mit Nadel und Faden auf, raffen diese zusammen und vernähen den Faden.

Nun benötigt die Raupe noch zwei Fühler, Augen und einen Mund. Für die Augen nähen die Kinder zwei Knöpfe mit ein paar Nadelstichen am Kopf fest. Den Mund schneiden sie aus rotem Filz zu und fixieren ihn mit Klebstoff am Kopf. Für die Fühler schieben die Kinder den Pfeifenputzer durch zwei Maschen am Kopf. Auf beide Pfeifenputzer-Enden kleben die Kinder zwei Holzperlen.

Nun kann die Raupe Nimmersatt nach Nahrung Ausschau halten.

Strickpüppchen

Motorik, Technik, Fantasie, Kreativität, Wahrnehmung

Material: Strickliesel mit 16 Zinken, Wolle, Stopfnadel, Füllwatte, Schere, zwei Strumpfstricknadeln.

Mit einer so großen Strickliesel können Kinder schon kleine Püppchen stricken. Die Kinder überlegen sich vorab, wie ihre Puppe aussehen soll. Ob sie Schuhe trägt, ein langes Kleid anhat, welche Farbe der Pullover der Puppe hat, welche Farbe die Haare haben usw. Das ist wichtig, um bewusst die benötigten Farben in der richtigen Reihenfolge auszusuchen und sie auch entsprechend lange auszustricken. Ein Beispiel, wie eine solche Puppe aussehen könnte, ist als Musterzeichnung beigefügt. Dann kann das Stricken losgehen. Ist der Strickschlauch entsprechend gestaltet, nehmen die Kinder ihn vorsichtig von der Liesel und fädeln die Maschen auf zwei Strumpfstricknadeln auf. Anschließend stopfen sie den Schlauch mit Füllwatte aus. Nun fädeln sie die Maschen auf eine Stopfnadel mit Faden, raffen sie zusammen und vernähen den Faden. Jetzt beginnt das Abbinden der Puppe. Dabei binden die Kinder wichtige oder farblich unterschiedene Körperteile mit einem Wollfaden ab. Jetzt müssen die Kinder nur noch Auge, Nase und Mund in den Kopf einsticken und das Strickpüppchen ist fertig.

Witzige Lesezeichen

Motorik, Technik, Fantasie, Kreativität, Wahrnehmung

Material: Strickschlauch einer Farbe aus ungefähr 35 Reihen einer Strickliesel mit 11 Zinken, Watte, Holzperlen (2,5 cm Durchmesser), Knöpfe, Filz, Satinbänder (20 cm), Schere, Nadel, Wolle, Klebstoff

Dies ist ein Angebot für Kinder, die weniger Ausdauer im Umgang mit der Strickliesel haben. Die Kinder stricken 35 Runden mit ihrer Strickliesel.

Dann füllen sie den kleinen Schlauch mit Watte. Die noch offenen Maschen fädeln sie mit Nadel und Faden auf, raffen sie zusammen und vernähen den Faden. Mit einer Schleife binden die Kinder das Satinband kurz hinter dem Ende an den Schlauch. So entsteht ein kleiner Kopf. Nun geben die Kinder dem Kopf mit zusätzlichen Materialien (Knöpfen, Perlen, Filz Wolle usw.) ein charakteristisches Erscheinungsbild. Wie wäre es mit einem Bären- oder Hasenkopf, einem Frosch- oder Schweinskopf, einem Clowns- oder Geisterkopf? Natürlich spielt bei dieser Entscheidung auch die Farbe des Strickschlauchs eine wichtige Rolle.

Sticken

Sticken ist das systematische Anordnen bestimmter Stickstiche in verschiedene Stoffe. Auf unterschiedliche Art und Weise ziehen die Kinder dabei Nadel und Faden durch den Stoff. So entstehen verschiedene Muster. Es werden viele verschiedene Stickmuster unterschieden. Einige von ihnen werden hier für Kinder vorgestellt.

Zum Sticken bedarf es besonderer Stoffe. Diese müssen in gleichmäßigem Geweberhythmus Lochpohren aufweisen wie z.B. Stramin.

Stramin ist ein harter, löchriger Stoff, auf dem die Kinder die Löcher sehr gut zählen können. Dieses Zählen der Löcher ist wichtig, um bestimmte Stiche systematisch auf dem Stoff aufzubringen. Stramin gibt es in feiner, grober und sehr grober Struktur. Je nach Struktur sollte auch das Stickgarn ausgewählt werden.

In den folgenden Angeboten werden Stoffe vorgeschlagen, die den Kindern von ihrer Struktur her das Sticken erleichtern. Es empfiehlt sich, für Kinder grobe Strukturen zu wählen, in Verbindung mit Perlgarn oder Stickgarn.

Sind die Kinder im Sticken schon etwas fortgeschrittener, kann man ihnen auch Aida-Stoff zur Verfügung stellen. Aida-Stoff erhält man wie Stramin in ganz verschiedenen Strukturen. Aida-Stoff ist weicher und feiner als Stramin, lässt sich aber ebenso gut zählen.

 © Verlag an der Ruhr Postfach 10 22 51
45422 Mülheim an der Ruhr www.verlagruhr.de

Stickmustertuch

Material: Sticknadel oder Stopfnadel, Stickgarn, Stramin, Schere

Wie wäre es am Anfang mit der Anfertigung eines Stickmustertuches?
Auf diesem üben die Kinder die im Folgenden vorgestellten Stickstiche.

a) Vorstich ab 7 Jahre

Motorik, Technik

Vorstiche sehen aus wie Nähstiche. Sie eignen sich gut, um Konturen zu
sticken.
Die Kinder schneiden sich einen ungefähr 25 cm langen Faden zurecht.
Dann fädeln sie diesen in die Nadel und machen einen Knoten in ein
Fadenende. Die Kinder stechen nun ihre Nadel von unten in ein Loch des
Stramins ein und ziehen den Faden nach oben. Dann stechen sie die Nadel
von oben nach unten in das benachbarte Loch. Jetzt wieder in das benach-
barte Loch von unten nach oben usw. Diese Arbeitsschritte wiederholen sich
immer wieder. Dabei ist es wichtig, dass die Kinder entsprechend der Zeich-
nung immer in eine Richtung arbeiten.
Zum Schluss fahren die Kinder mit Nadel und Faden auf der Rückseite des
Stramins unter einigen Stickstichen hindurch. So verhindern sie, dass der
Faden sich später löst.

Variante:
Die Kinder müssen mit der Nadel nicht zwangsläufig immer in das benachbarte Loch stechen. Sie können auch in jedes zweite, dritte oder vierte Loch
stechen. Wichtig ist nur, dass sie in gleichmäßigen Abständen arbeiten.

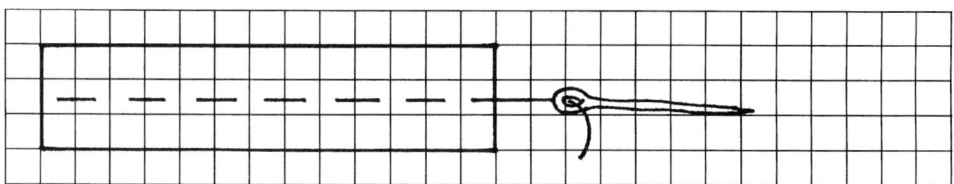

b) Spannstich

Motorik, Technik

Die Kinder schneiden sich einen ungefähr 25 cm langen Faden zurecht.
Dann fädeln sie diesen in die Nadel ein und machen einen Knoten an ein
Fadenende. Die Kinder stechen die Nadel von unten nach oben durch ein
Loch des Stramins. Dann spannen sie den Faden, wie der Name bereits sagt,
über eine kurze Strecke und stechen die Nadel wieder von oben durch ein
Loch in den Stramin hinein. Der Spannstich ähnelt dem Vorstich, nur dass
die Kinder hier die Stickstiche nebeneinander setzen. Die Kinder können
den Spannstich unterschiedlich umsetzen. Entweder sie stechen die Nadel
gleichmäßig in die benachbarten Löcher oder sie spannen den Faden über
eine größere Distanz. Wichtig ist bei beiden Varianten, dass die Kinder
immer in einer Stickrichtung arbeiten (z.B. von links nach rechts).

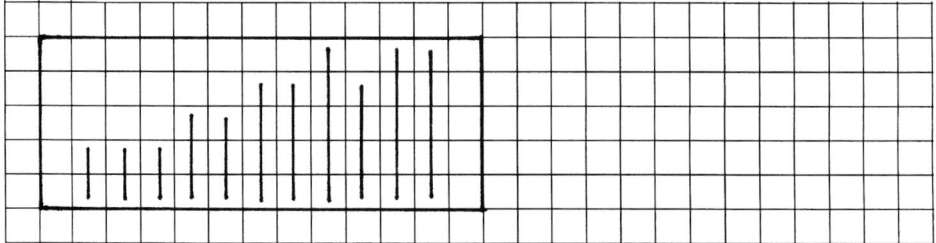

c) Gobelinstich

Motorik, Technik

Der Gobelinstich unterscheidet sich vom Spannstich dadurch, dass er diagonal in eine Richtung verläuft. Die Tatsache, dass z.B. vier benachbarte Löcher
im Stramin ein Quadrat bilden, ist den Kindern beim Sticken behilflich. Die
Kinder schneiden sich einen ungefähr 25 cm langen Faden zurecht. Dann
fädeln sie diesen in die Nadel und machen einen Knoten an ein Fadenende.
Die Kinder stechen in der unteren linken Ecke eines gedachten Quadrates
die Nadel von unten nach oben ein und ziehen den Faden bis zum Knoten
hoch. Dann führen sie den Faden diagonal über das gedachte Quadrat und
stechen die Nadel von oben nach unten in das rechte obere Loch dieses
gedachten Quadrates. Fertig ist der Gobelinstich. Dieser Vorgang wiederholt
sich nun immer wieder. Das Einstichloch für den nächsten Gobelinstich

© Verlag an der Ruhr Postfach 10 22 51
45422 Mülheim an der Ruhr www.verlagruhr.de

befindet sich dabei unter dem oberen Einstichloch des vorher beschriebenen Quadrates. Der Gobelinstich kann auch über eine größere Distanz gespannt werden. Diese sollte jedoch nicht zu groß sein, sonst wird der Faden zu locker.

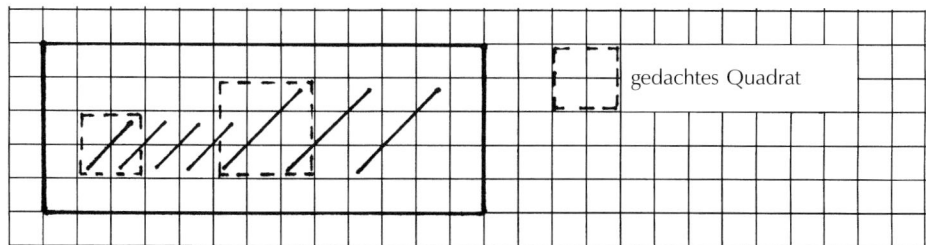

gedachtes Quadrat

d) Kreuzstich

Motorik, Technik, Fantasie, Kreativität, Wahrnehmung

Der Kreuzstich ist einfach, wenn die Kinder den Gobelinstich schon kennen. Der Kreuzstich besteht im Grunde genommen aus zwei gegenläufigen und kreuzweise übereinander gelagerten Gobelinstichen.
Die Kinder schneiden sich einen ungefähr 25 cm langen Faden zurecht. Dann fädeln sie diesen in die Nadel und machen einen Knoten an ein Fadenende.
Dann sticken die Kinder eine Reihe Gobelinstiche von links unten nach rechts oben. Am Ende der Reihe angekommen, sticken die Kinder gegenläufig einen Gobelinstich von rechts unten nach links oben. Dabei überkreuzen sie die vorher gestickten Gobelinstiche (siehe Zeichnung).

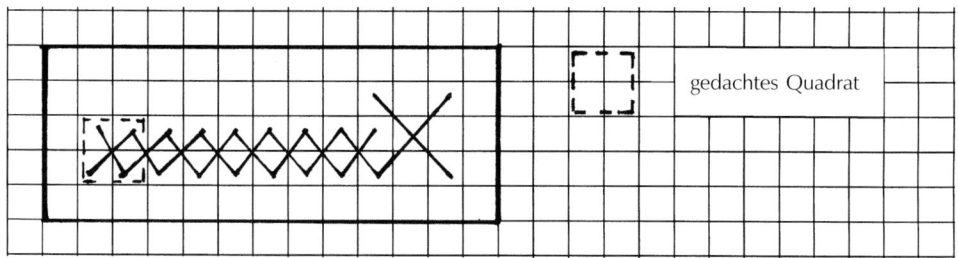

gedachtes Quadrat

e) Sternchenstich

ab 7 Jahre

Motorik, Technik

Der Sternchenstich ist eine weitere Variante des Kreuzstiches. Er ist ein doppelter Kreuzstich. Über den zuvor gestickten Kreuzstich setzen die Kinder einen weiteren, um 90° gedrehten Kreuzstich darüber. Der Sternchenstich sollte sich auf jeden Fall über eine ungerade Anzahl Löcher ziehen, damit die Kinder den zweiten Kreuzstich wieder durch zwei Löcher stechen können.

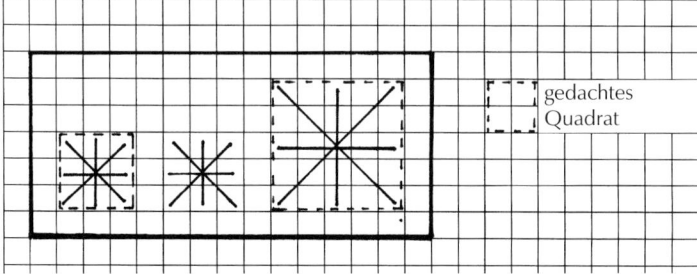

gedachtes Quadrat

f) Margeritenstich

ab 8 Jahre

Motorik, Technik

Der Name verrät schon, was die Kinder mit diesem Stich sticken können: Blütenblätter.

Für den Margeritenstich stechen die Kinder mit der Nadel von unten nach oben in ein Loch ein und ziehen den Faden bis zum Knoten an. Dann stechen sie die Nadel von oben nach unten wieder durch das gleiche Loch, durch das sie hochgestochen haben, zurück. Jetzt dürfen die Kinder den Faden nicht ganz durch den Stoff ziehen, sondern es muss eine kleine Schlaufe entstehen. Die Kinder stechen nun erneut von unten nach oben in den Stramin, aber in ein anderes Loch über- oder unterhalb des Schlaufenloches. Die Kinder führen jetzt die Nadel von unten nach oben durch die vorher entstandene Schlaufe. Sie fädeln die Schlaufe sozusagen auf. Zuletzt stechen die Kinder ein Loch über dem letzten Einstichloch von oben nach unten in den Stramin. So geben sie der Schlaufe Halt und das Blütenblatt ist fertig.

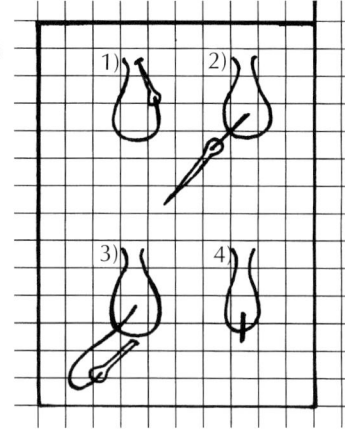

© Verlag an der Ruhr   Postfach 10 22 51
45422 Mülheim an der Ruhr   www.verlagruhr.de

Stickbild

Motorik, Technik, Fantasie, Kreativität, Wahrnehmung

Material: Stick- oder Stopfnadel, Stramin, Schere, Stickwolle, Filzstift oder Kugelschreiber

Eigene Entwürfe auszugestalten macht den Kindern immer noch am meisten Spaß. Deshalb gestalten die Kinder in diesem Angebot ihr Stickbild selbst. Die Kinder malen mit Kugelschreiber oder Filzstift ihr eigenes Motiv auf Stramin auf. Nun können sie ausprobieren, für welche Motive sich welche Stickstiche am besten eignen.

Tipp: Für Konturen eignet sich am besten der Vorstich. Um Flächen auszufüllen eignen sich Spannstich und Gobelinstich. Für Blumen, Sterne usw. nehmen die Kinder am besten den Margeritenstich, den Kreuzstich oder den Sternchenstich.

Kleine Blumen für edle Kästchen

Motorik, Technik, Fantasie, Kreativität, Wahrnehmung

Material: Aida-Stoff oder Stramin, Stick- oder Stopfnadel, Perlgarn, Schere

Jedes Kind erhält ein 10 x 10 cm großes Stück Stoff. Darauf sticken die Kinder je eine Blume. Dazu ordnen sie mehrere Margaritenstiche um ein Loch an. Um die Blüte zu gestalten, stechen die Kinder am Blütenstand immer wieder mit Nadel und Faden durch das gleiche Loch. Den Stiel sticken die Kinder in Grün mit dem Spannstich. An den Stiel setzen die Kinder rechts und links mit dem Margeritenstich noch grüne Blätter. Wenn die Kinder noch Lust haben, sticken sie mit dem Spannstich noch einzelne Grashalme ein (Beschreibung von Margeritenstich, siehe Seite 118 und Spannstich, siehe Seite 116).
Diese Blumen können die Kinder anschließend ausschneiden und als Verzierung auf kleine Kästchen aufkleben. Eine andere Möglichkeit wäre, die Blumen aller Kinder zu einer Decke zusammenzunähen.

Stickkarten

Motorik, Technik, Fantasie, Kreativität, Wahrnehmung

Material: feste Pappe, Bleistift, Prickelnadeln, Prickelfilz, Stick- oder Stopfnadel, Perlgarn, Schere

Bei diesem Angebot gestalten die Kinder ihre zu stickenden Motive selber. Dazu malen sie einfache Formen auf den Karton. Dann prickeln sich die Kinder ihre Sticklöcher selbst in den Karton ein. Dazu stechen sie ungefähr in einem Abstand von 0,5 cm mit ihrer Prickelnadel entlang ihrer gemalten Linie ein. Ist das gesamte Motiv mit Prickellöchern versehen, besticken die Kinder ihre Motive (Stickstiche siehe Seite 115ff).

Nikolausstrumpf

Motorik, Technik, Fantasie, Kreativität, Wahrnehmung

Material: 0,5 m grober Leinenstoff (eignet sich aufgrund der Grobporigkeit gut zum Sticken), Stick- oder Stopfnadel, Perlgarn oder Stickwolle, Schere, Stifte

Es stickt sich auch sehr schön entsprechend der Jahreszeit. Wie wäre es mit einem Nikolausstiefel, den jedes Kind für sich gestalten kann?
Die Kinder legen den Leinenstoff doppelt auf die rechte Stoffseite und malen den Umriss eines Nikolausstiefels darauf. Diesen stecken sie mit Stecknadeln ab und schneiden ihn anschließend aus. Durch das doppelte Legen des Leinenstoffes erhalten die Kinder direkt zwei Strumpfseiten, die sie später zu einem Strumpf zusammennähen. Aber zuerst besticken die Kinder den Strumpf. Sie können z.B. Sterne, Tannenbäume oder kleine Geschenke aufsticken. Der Fantasie der Kinder sind dabei keine Grenzen gesetzt. Die Kinder müssen nicht unbedingt beide Seiten des Nikolausstrumpfes gestalten. Dann geht es an das Zusammennähen des Nikolausstrumpfes. Die Kinder legen die beiden Hälften randbündig mit der bestickten Seite nach außen aufeinander. Mit dem Vorstich (siehe Seite 115) verbinden die Kinder nun beide Teile.

Für besondere Anlässe

Motorik, Technik, Fantasie, Kreativität, Wahrnehmung

Material: Aida-Stoff, Leinen, Stramin, Perlgarn, Stickwolle, Stick- oder Stopfnadel, Schere, kariertes Papier, Buntstifte, Alleskleber

Stickstiche lassen sich über Zählmuster auf Stoffe übertragen. Die nebenstehenden Muster können die Kinder auf Aida-Stoff, Leinen oder Stramin übertragen.

Dennoch machen eigene Entwürfe beim Sticken am meisten Spaß. Die Kinder nehmen dazu von einem Block ein kariertes Blatt Papier und zeichnen Striche für den Spannstich, Kreuze für Kreuzstiche, Punkte für Gobelinstiche, Sternchen für Sternchenstiche und Schlaufen für Margeritenstiche in die Kästchen. Dabei stellt jedes Kreuz, jeder Punkt usw. einen Stich dar (Stickstiche siehe Seite 115ff). Diese Zählmuster übertragen die Kinder auf ihren Stoff und das Sticken kann beginnen.

Die fertigen gestickten Motive können die Kinder auf Karten, Streichholzschachteln usw. kleben. Sie können sie aber auch in kleine Rahmen einrahmen und zu besonderen Anlässen verschenken.

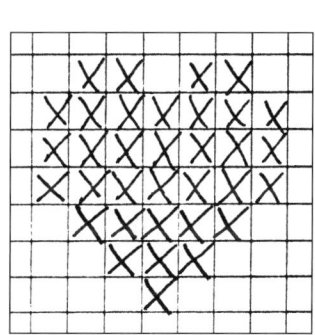

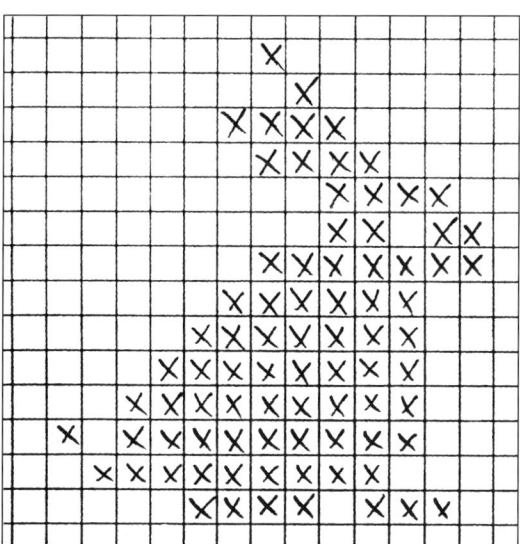

Drachen

Motorik, Technik, Fantasie, Kreativität, Wahrnehmung

Material: Aida-Stoff oder Stramin, Perlgarn, Stick- oder Stopfnadel, kleine Stofffetzen

Mithilfe des Vorstiches können die Kinder auch Stoffe einsticken. So entstehen plastische Bilder.
Die Kinder übertragen das nebenstehende Drachengesicht als Zählmuster auf den Aida-Stoff oder den Stramin. Dieses besticken die Kinder nun mit dem Spannstich und dem Gobelin- oder auch Kreuzstich (Stickstiche siehe Seite 116ff). Jetzt braucht der Drache noch einen bunten, langen Schweif. Diesen Schweif sticken die Kinder mit dem Spannstiches.
Um den Schweif recht plastisch erscheinen zu lassen, schieben die Kinder in die Schlingen der Spannstiche auf der Vorderseite kleine Stofffetzen ein. So erhält der aufsteigende Drache einen farbenfrohen plastischen Schwanz.
Viel Spaß!

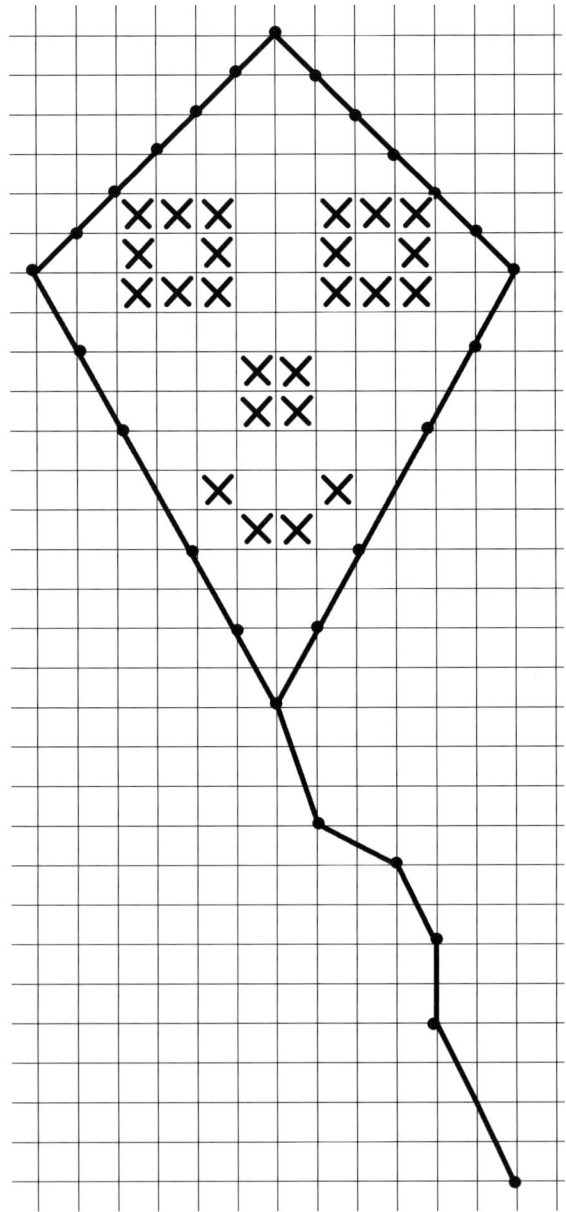

© Verlag an der Ruhr Postfach 10 22 51
45422 Mülheim an der Ruhr www.verlagruhr.de

 # Häkeln

Wie das Stricken ist auch das Häkeln eine nicht gerade einfache handwerkliche Tätigkeit. Doch auch das Häkeln müssen die Kinder nicht in ihrer ganzen Komplexität beherrschen. Um Kinder ans Häkeln heranzuführen, reichen eine Handhäkelnadel und einfache Häkeltechniken vollkommen aus. Diese lassen den Kindern genügend Spielraum für eigenes kreatives Arbeiten. Dieses Kapitel gibt dazu einige beispielhafte Anregungen. Schon mit zwei unterschiedlichen Häkelmaschen haben Kinder viele Gestaltungsmöglichkeiten. Diese Maschentypen werden im Folgenden vorgestellt.

Für alle Techniken führen die Kinder den Faden von hinten nach vorne zwischen dem kleinen Finger und dem Ringfinger einer Hand hindurch, führen ihn auf der Handflächenseite zum Zeigefinger und wickeln ihn von hinten zweimal um den Zeigefinger herum. Den Faden bzw. das Häkelgewebe halten die Kinder mit Daumen und Mittelfinger fest, und zwar möglichst nah an der jeweils zuletzt gehäkelten Masche. D.h., die Kinder müssen immer wieder nach greifen.

Fingerhäkeln

ab 6 Jahre

Motorik, Technik

Material: Wolle, Schere

Die Kinder machen zuerst eine Schlaufe in die Wolle und verschließen sie mit einem Knoten. Den Knoten halten sie zwischen Daumen und Mittelfinger.

1. Dann führen die Kinder den Zeigefinger und den Daumen der anderen Hand von vorne nach hinten durch die Schlaufe.
2. Mit diesen beiden Fingern ziehen die Kinder den über den Zeigefinger geführten Faden durch die Schlaufe.
3. So entsteht eine neue Schlaufe. Diese ziehen die Kinder zusammen.

Wiederholen die Kinder diese Schritte immer wieder, entsteht eine Luftmaschenschnur. Am Ende einer Schnur schneiden die Kinder die Wolle so ab, dass noch ein 10 cm langer Faden am Werkstück hängt. Diesen ziehen die Kinder ganz durch die Masche und ziehen sie fest.
So verschließen sie die Schnur.

Luftmaschen mit der Häkelnadel

Motorik, Technik, Fantasie, Kreativität, Wahrnehmung

Material: Häkelnadel (Nadelstärke 3), Wolle

1. Für Luftmaschen machen die Kinder zuerst eine Schlaufe in die Wolle und verschließen diese mit einem Knoten. Die Schlaufe halten die Kinder zwischen Daumen und Mittelfinger.
2. Dann führen die Kinder die Nadel von vorne nach hinten durch die Schlaufe.
3. Mit dem Haken der Häkelnadel ziehen die Kinder den über den Zeigefinger geführten Faden durch die Schlaufe. Drehen die Kinder den Haken der Häkelnadel dabei nach unten, können sie ihn besser durch die Schlaufe führen. Die so entstandene neue Schlaufe sitzt nun als feste Masche auf der Nadel.

Dann wiederholen sich die Schritte zwei bis drei immer wieder. Es entstehen lange Luftmaschenschnüre.
Am Ende einer Schnur schneiden die Kinder die Wolle so ab, dass noch ein 10 cm langer Faden am Werkstück hängt. Diesen ziehen die Kinder ganz durch die Masche und ziehen sie fest. So verschließen sie die Schnur.

 Tipp: Diese Luftmaschenschnüre können die Kinder z.B. als Schnürsenkel, Haarbänder oder als Kette verwenden.

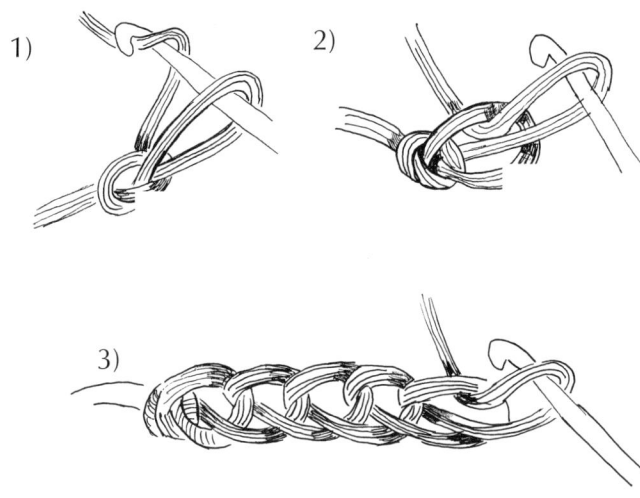

1) 2) 3)

Luftmaschen-Tatzelwurm

ab 7 Jahre

Motorik, Technik, Fantasie, Kreativität, Wahrnehmung

Material: Wolle, Nadel, Häkelnadel (Nadelstärke 3),
Holzkugel (1,5–2 cm)

Bei dem Luftmaschen-Tatzelwurm fädeln die Kinder viele kurze Luftmaschenschnüre mit einer Stopfnadel auf einen Faden. Dafür benötigen die Kinder ungefähr 30 Luftmaschenschnüre, die aus 9 Maschen bestehen. Die Kinder führen einen Wollfaden durch eine Nadel und machen in ein Ende des Fadens einen Knoten. Dann führen sie die Nadel immer durch die fünfte Masche einer Luftmaschenschnur. Sind alle Luftmaschenschnüre aufgefädelt, fädeln die Kinder noch die Holzkugel als Kopf des Wurmes auf. Damit diese später nicht aus dem Wollfaden entweicht, wird der Faden mit einem dicken Knoten verschlossen. Dieser Knoten ist die Nase des Wurmes. Zum Schluss malen die Kinder auf die Holzkugel noch das Gesicht des Wurmes.

 Tipp: Es können auch mehrere Kinder gemeinsam einen solchen Wurm anfertigen. Je mehr Kinder sich an der Herstellung der Luftmaschenschnüre beteiligen, desto länger wird der Wurm.

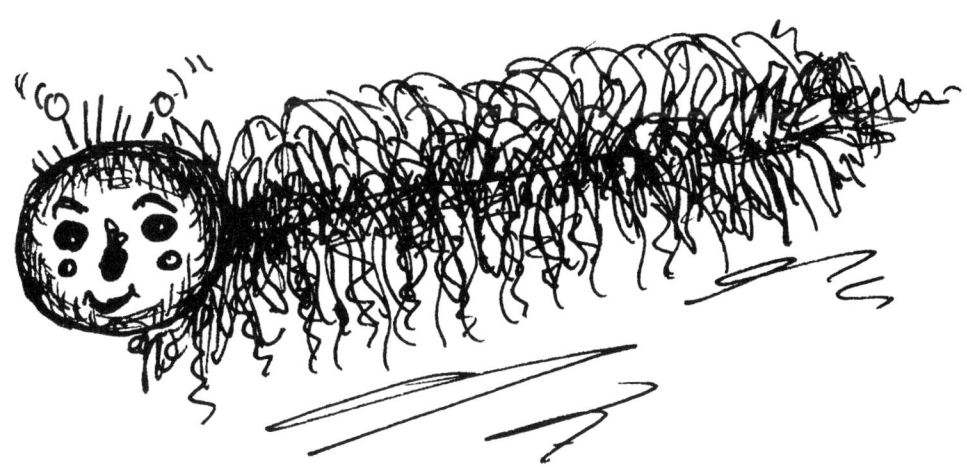

Fingerpuppen aus festen Maschen

Motorik, Technik, Fantasie, Kreativität, Wahrnehmung

Material: Wolle, Häkelnadel (Nadelstärke 3), Nadel, Perlen, Filz, Nähgarn, Schere

Die Kinder häkeln 14 Luftmaschen (Luftmasche siehe Seite 124).
Nun müssen die Kinder mit festen Maschen weiterarbeiten.

1. Die Kinder stechen am Ende einer Luftmaschenreihe in die vorletzte Luftmasche von vorne nach hinten ein. Dann ziehen sie den Faden, der auf dem  Zeigefinger liegt, durch die Luftmasche hindurch. Drehen die Kinder den Haken der Häkelnadel dabei nach unten, können sie ihn besser durch die Luftmasche führen. Auf der Nadel befinden sich dann zwei Maschen.

2. Dann nehmen die Kinder erneut mit der Häkelnadel den Faden vom Zeigefinger auf und ziehen ihn durch die beiden Maschen hindurch. Damit ist eine feste Masche entstanden. Schritt eins und zwei wiederholen sich nun bei jeder anschließenden Luftmasche.

3. Von diesen festen Maschen häkeln die Kinder 12 Stück.

4. Am Schluss dieser Reihe häkeln die Kinder eine Luftmasche, wenden das Arbeitsstück und häkeln die nächste Reihe in gleicher Weise zurück.

Auf diese Weise häkeln die Kinder nun 40 Reihen.
Nach der allerletzten Masche schneiden die Kinder den Faden ab, ziehen ihn ganz durch die Masche und ziehen ihn fest. Die Kinder haben jetzt so etwas wie einen kleinen Schal gehäkelt. Diesen legen die Kinder in der Hälfte aufeinander. Eine lange und eine kurze Seitennaht nähen sie mit ein paar Stichen zusammen. Dann drehen die Kinder ihr Arbeitsstück auf die andere Seite, sodass die Naht innen liegt. Nun beginnen die Kinder mit der Gestaltung der Fingerpüppchen. Dazu stehen den Kindern verschiedene Materialien von Perlen über Filz bis hin zu kleinen Federn usw. zur Verfügung. Das Spiel kann beginnen.

Häkelkringel

Motorik, Technik, Fantasie, Kreativität, Wahrnehmung

Material: Wolle, Häkelnadel (Nadelstärke 3)

Die Kinder häkeln sechs Luftmaschen. Diese Luftmaschenschnur schließen sie mit einer festen Masche. Dazu stechen die Kinder die Häkelnadel in die erste Luftmasche von vorne nach hinten ein. Nun liegen zwei Maschen auf der Häkelnadel. Den Faden auf dem Zeigefinger ziehen die Kinder nun mit der Häkelnadel durch diese beiden Maschen.

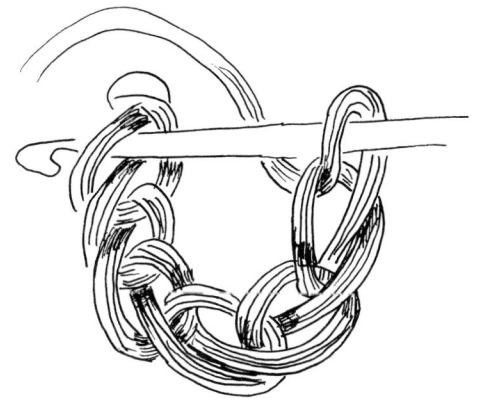

1. Im Luftmaschenkreis ist nun ein kleines Loch. In dieses Loch stechen die Kinder erneut die Nadel von vorne nach hinten ein.
2. Dann ziehen sie den Faden mit der Häkelnadel durch das Loch. Nun liegen zwei Maschen auf der Häkelnadel.
3. Dann nehmen die Kinder erneut mit der Häkelnadel den Faden vom Zeigefinger auf und führen ihn durch die beiden auf der Nadel liegenden Maschen hindurch. Damit ist eine feste Masche entstanden.

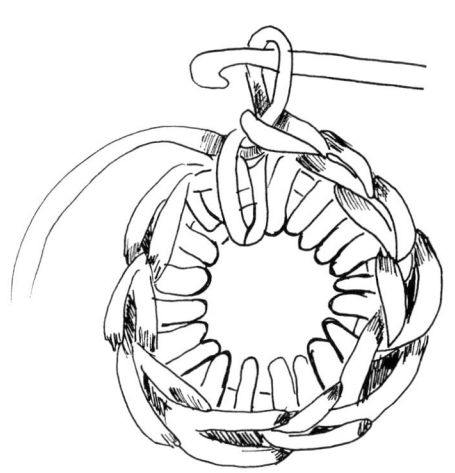

Die Schritte 1 bis 3 wiederholen die Kinder, bis sie einmal um den Luftmaschenkreis herum sind.
Diese Häkelkringel können die Kinder zu bunten Bildern aufkleben oder zu einem Stirnband, Armreif, Gürtel oder zu einer Kette aneinander nähen.

Gehäkelte Blumen

Motorik, Technik, Fantasie, Kreativität, Wahrnehmung

Material: Wolle, Häkelnadel (Nadelstärke 3)

Um Blumen zu häkeln, häkeln die Kinder wie im Angebot zuvor einen Luftmaschenkreis aus 6 Luftmaschen (siehe Seite 127). Ist der Luftmaschenkreis mit festen Maschen gefüllt, folgt die nächste Runde. Dabei häkeln die Kinder immer abwechselnd zwei feste Maschen und zwei Luftmaschen. Auch hierbei greift die Häkelnadel wieder durch das Loch des Luftmaschenkreises. In der nächsten und letzten Reihe beginnen die Kinder mit einer festen Masche, dann wechseln sich jeweils immer sechs Luftmaschen mit einer festen Masche ab. Dabei wird die eine feste Masche nur auf die beiden Luftmaschen der vorhergehenden Reihe gesetzt. Die Nadel greift nur in den Maschenhohlraum der Luftmaschen, nicht aber in die Maschenglieder. Ist die Reihe fertig, ist die gehäkelte Blume fertig.

© Verlag an der Ruhr   Postfach 10 22 51
45422 Mülheim an der Ruhr   www.verlagruhr.de

Textiles Gestalten heißt: Stoffe färben

Aktivitäten rund ums Stoffe färben, Batiken und Marmorieren

Beim Stoffe färben gibt es viele verschiedene Möglichkeiten, die Kindern Spaß machen. Eine Möglichkeit besteht darin, die Stoffe wie einst die Färber mit Naturfarben in großen Kochtöpfen einzufärben. Dabei lernen die Kinder, die entsprechenden Pflanzen zu sammeln und daraus einen Färbesud herzustellen. Sie erfahren, was beim Färbevorgang zu beachten ist und welche Stoffe sich besonders gut zum Färben eignen.

Um Stoffe zu färben, stehen den Kindern auch unterschiedliche Techniken zur Verfügung. Dazu gehört das Batiken ebenso wie das Marmorieren von Stoffen. Batiken ist ein sehr spannendes Verfahren, um mit Kindern Stoffe zu färben. Bei dieser Färbetechnik werden einzelne Partien des Stoffes durch verschiedene Methoden daran gehindert, Farbe aufzunehmen. Diese Batiktechniken basieren zum einen auf einer Art Abbindetechnik und zum anderen auf dem Reservieren mit heißem Wachs. Auch für die Arbeit mit Wachs gibt es einfache, spielerische Techniken, um Kinder an die Kunst des Batikens heranzuführen.

Eine andere Technik ist das Marmorieren von Stoffen. Bei der Marmorierung besteht die Kunst des Färbens im Zufall. Gerade diese schlierenartigen Zufallseffekte, die nur teilweise durch spielerisch-technische Methoden steuerbar sind, machen das Marmorieren für Kinder interessant und spannend.

Im Folgenden werden spielerisch-experimentelle Techniken des Färbens, Batikens und marmorierens vorgestellt, die Kindern Spaß machen und sehr leicht durchführbar sind.

Wie beim Stoffdruck eignen sich zum Färben, Batiken und Marmorieren alle Naturfasern wie Leinen, Nessel, Seide und Baumwolle.
Die Stoffe sollten keine Stärke und Appretur mehr enthalten und vor dem Bedrucken und Bemalen mindestens einmal im Kochwaschgang gewaschen worden sein. Handelt es sich um Seidenstoff, genügt es, diesen vorher in kaltem Wasser auszuspülen, um die Beschichtung zu entfernen.
Für diese Arbeiten benötigen die Kinder keine teuren Meterstoffe. Hier eine kleine Auswahl an Materialien, die sich zum Stoffe färben eignen: Taschentücher, T-Shirts, Bettlaken, Geschirrtücher, Baumwollunterhemden, Taschen, Baumwollherrenhemden, Kissen usw.

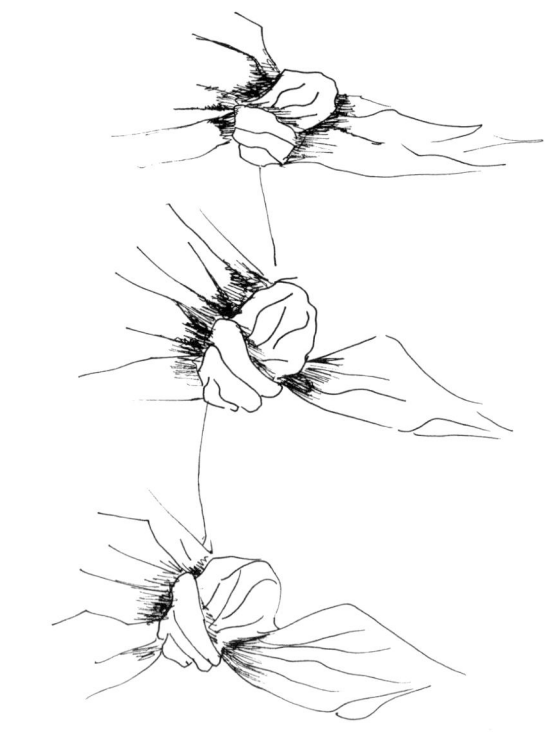

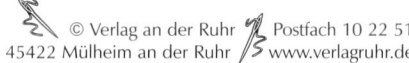 © Verlag an der Ruhr Postfach 10 22 51
45422 Mülheim an der Ruhr www.verlagruhr.de

Stoffe färben mit Naturmaterialien

Dass manche Dinge bleibende Flecken auf der Kleidung hinterlassen, ist Kindern wahrscheinlich bekannt. So z.B. Rote Beete, Spinat, Curry oder Walnussschalen. Zum Färben eignen sich viele Pflanzenblätter, Rinden, Pflanzenschalen, Blüten oder Wurzeln.

Was man vor dem Färben wissen muss:

- Als Färbegut eignen sich unter den Naturfasern am besten Baumwolle, Wolle oder Seide.

- Vor dem Färben müssen die Kinder das Färbegut waschen, um es zu entfetten oder von der Appretur zu befreien. Als Waschmittel eignet sich Neutralseife.

- Anschließend muss das Färbegut in ein Beizbad. Das Beizbad bewirkt die Aufnahmebereitschaft für die spätere Farbe. Als Beize sollten die Kinder Alaun verwenden. Auf 500 g Färbegut kommen 100 g Alaun. Das Alaun wird gut in heißem Wasser aufgelöst, bevor es der gesamten Wassermenge beigefügt wird. Das Wasser sollte beim Beizen das Färbegut bedecken. Zusammen werden die Beize und das Färbegut eine Stunde lang gekocht.

- Bei 500 g Färbegut benötigen die Kinder ungefähr 15 Liter Wasser.

- Das Färbegut wird in nassem Zustand in die Beize gelegt und dann langsam darin erhitzt. Um Verbrennungen zu vermeiden, sollte das Färbegut darin auch abkühlen. Anschließend wird das Färbegut gründlich ausgedrückt.

- Jetzt kann das Färben beginnen. Dazu sollten die Kinder sich an die unten aufgeführten Rezepturen halten.

- Nach dem Färben drücken die Kinder das Färbegut gut aus und hängen es zum Trocknen auf. Danach erst können es die Kinder ausspülen. Dem letzten Spülbad wird ein Schuss Essig hinzugefügt. Damit wird die Färbung fixiert.

- Die Farben, auch Färbemittel genannt, welche die Kinder benötigen, wachsen in der Natur in Form von Pflanzenblättern, Rinden, Pflanzen- schalen, Blüten oder Wurzeln. Die Kinder können diese in der Natur sammeln und sie anschließend zum Färben einsetzen.

- Je nach Rezeptur müssen die Kinder ihre Färbemittel zuvor für einige Stunden einweichen und dann im Einweichwasser kochen. Dazu wird das Färbemittel mit Wasser bedeckt.

- Alle holzigen Färbemittel müssen sogar mehrere Stunden bis mehrere Tage einweichen. Die Kinder binden sie in ein Stoffsäckchen und hängen dieses in das Einweichwasser.

- Blüten müssen die Kinder vorher nicht einweichen. Blüten werden 30 Minuten aufgekocht. Dazu binden die Kinder diese ebenfalls in ein Säckchen ein und hängen sie in ihren Farbsud.

- Blätter werden 1 Stunde gekocht.

- Alle Rezepte lassen sich problemlos vervielfachen.

Gelb: Kamille ab 8 Jahre

Motorik, Technik, Kreativität, Wahrnehmung

Material: 60 g Kamillenblüten, 60 g Färbegut, 2 l Wasser, 12 g Alaun, 1 großer Topf, etwas Nesselstoff für das Stoffsäckchen, Messbecher, Waage

Kamille hilft nicht nur bei Bauchschmerzen, sondern entwickelt beim Färben auch wunderschöne Gelbtöne.
Die Kinder bereiten das Färbegut wie oben beschrieben zum Färben vor. Sie binden die Kamillenblüten in ein Stoffsäckchen ein und hängen dieses in den mit Wasser gefüllten Topf. In diesen haben sie zuvor auch das Färbegut gefüllt. Nachdem der Färbesud 30 Minuten geköchelt hat, hat das Färbegut eine wunderschöne gelbe Farbe angenommen. Am besten lassen die Kinder das Färbegut im Sud abkühlen. So vermeiden sie Verbrennungen. Dann drücken die Kinder das Färbegut gut aus und hängen es zum Trocknen auf. Abschließend spülen und fixieren die Kinder das Färbegut (vgl. Seite 131).

 © Verlag an der Ruhr Postfach 10 22 51 45422 Mülheim an der Ruhr www.verlagruhr.de

Braun: Walnuss

ab 8 Jahre

Motorik, Technik, Kreativität, Wahrnehmung

Material: 180 g grüne Walnussschalen (diese umhüllen am Baum die braune feste Schale der Walnuss), 60 g Färbegut, 2 l Wasser, 12 g Alaun, 1 großer Topf, Messbecher, Waage

Die Kinder sammeln die Walnussschalen und weichen sie ein. Nach mindestens 24 Stunden Einweichzeit kochen die Kinder die Walnussschalen im Einweichwasser eine Stunde aus. Ist der Sud auf 40 Grad abgekühlt, geben die Kinder das trockene, jedoch vorher bereits gebeizte Färbegut in den Sud und lassen das Ganze eine weitere Stunde kochen. Danach lassen die Kinder das Färbegut im Sud abkühlen. Dann drücken die Kinder das Färbegut gut aus und hängen es zum Trocknen auf. Abschließend wird das Färbegut ausgespült und fixiert (vgl. Seite. 131).

Dunkles Orange: Zwiebelschalen

ab 8 Jahre

Motorik, Technik, Kreativität, Wahrnehmung

Material: 60 g Zwiebelschalen, 60 g Färbegut, 2 l Wasser, 12 g Alaun, 1 großer Topf, Messbecher, Waage

Im Großmarkt erhält man ohne Probleme Zwiebelschalen in größeren Mengen. Die Kinder können sie aber auch zu Hause sammeln und mitbringen.
Für den Färbesud kochen die Kinder die Zwiebelschalen eine Stunde in Wasser. Danach geben sie das Färbegut hinzu und lassen den Sud und das Färbegut abkühlen. Dann nehmen die Kinder das Färbegut aus dem Sud und schütteln die Zwiebelschalen vorsichtig ab. Jetzt drücken die Kinder das Färbegut gut aus und hängen es zum Trocknen auf. Abschließend spülen und fixieren die Kinder das Färbegut (vgl. Seite 131).

Beige-gelb: Schafgarbe

ab 8 Jahre

Motorik, Technik, Kreativität, Wahrnehmung

Material: 400 g Schafgarbe, 100 g Färbegut, 3 l Wasser, 20 g Alaun, 2 große Töpfe, Messbecher, Waage

Schafgarbe finden die Kinder auf Wiesen und an Wegrändern. Die Kinder sammeln 400 g Schafgarbe. Sie schneiden die Pflanzen klein, bedecken diese mit Wasser und kochen das Ganze eine Stunde lang aus. Am nächsten Tag kochen die Kinder das Färbegut eine Stunde in diesem Sud. Nach dem Abkühlen nehmen sie das Färbegut vorsichtig heraus. Sie drücken das Färbegut gut aus und hängen es zum Trocknen auf. Abschließend spülen und fixieren die Kinder das Färbegut (vgl. Seite 131).

Grün-gelb: Brennnessel

ab 8 Jahre

Motorik, Technik, Kreativität, Wahrnehmung

Material: 600 g Brennnessel, 100 g Färbegut, 3 l Wasser, 20 g Alaun, 1 großer Topf, Messbecher, Waage

Die Kinder sammeln 600 g Brennnesseln. Diese geben sie in den Topf, bedecken sie anschließend mit Wasser und kochen sie eine Stunde aus.
Den Sud lassen sie über Nacht stehen. Am nächsten Tag kochen die Kinder das vorher gebeizte Färbegut eine Stunde in diesem Sud. Nach dem Abkühlen nehmen die Kinder das Färbegut vorsichtig heraus. Sie drücken das Färbegut gut aus und hängen es zum Trocknen auf. Abschließend spülen und fixieren sie das Färbegut (vgl. Seite 131).

© Verlag an der Ruhr Postfach 10 22 51
45422 Mülheim an der Ruhr www.verlagruhr.de

Batiken

Das Batiken von Stoffen besteht hier im Wesentlichen im Eintauchen zuvor abgebundener oder gewachster Stoffe in ein zuvor vorbereitetes Farbbad. Dabei dringt die Farbe überall dort in die Stoffe ein, wo sie nicht durch Abbinden oder Wachs daran gehindert wird. Zum Batiken stehen von verschiedenen Firmen große Farbpaletten zur Verfügung. Die Batikfarben verschiedener Firmen werden unterschiedlich angerührt und fixiert. Deshalb sollten sich die Kinder sowohl beim Zubereiten des Farbbades als auch bei der Fixierung an die Verpackungsbeschreibung halten. Die Batikfarben werden in großen Eimern oder Schüsseln zubereitet. Will man einen mehrfarbigen Stoff batiken, wird immer von hell nach dunkel gefärbt .
Je länger man den Stoff in den Färbesud eintaucht, desto intensiver wird die Farbe.

Beim Batiken können bis zu vier Kinder mit ihren Stoffen an einem Eimer oder einer Schüssel mit Batikfarbe arbeiten.

Zipfeltechnik ab 7 Jahre

Motorik, Technik, Fantasie, Kreativität, Interaktion, Kooperation, Experimentierfreude

Material: Batikfarbe, Schüssel, Baumwoll- oder Leinenstoff, Schnur (Wolle, Paketschnur usw.)

Die Zipfeltechnik ist schnell und leicht umsetzbar. Die Ergebnisse werden die Kinder zu weiteren Experimenten anspornen.
Bei dieser Technik binden die Kinder eine oder mehrere Partien des Stoffes zu einem oder mehreren Zipfeln zusammen. Sie umwickeln die einzelnen Zipfel mehr oder wenig dicht und fest mit Schnur. Dabei sind sich die Kinder gegenseitig behilflich. Je fester und dichter die Kinder die Zipfel umwickeln, desto schwieriger wird es für die Farbe, in den abgebundenen Stoff einzudringen. Die Kinder tauchen nun den Stoff in das Farbbad. Lösen die Kinder danach die Schnüre vom Stoff, entdecken sie kreisartige Batikmuster.

Varianten:

- Für die Kinder, die beim Abbinden der dünnen Zipfel motorische Probleme zeigen, ist es hilfreich, Steine, Murmeln oder Münzen in den Stoff einzubinden. Die Kinder legen die Materialien auf den Stoff und packen diese mit der Schnur so ein, dass kleine Säckchen entstehen. Lösen die Kinder nach dem Farbbad die Schnur aus dem Stoff, ist ein ähnlicher Effekt wie bei der Zipfeltechnik entstanden.

- Umwickeln die Kinder die Zipfel in größeren Abständen mit einer Schnur, entsteht ein Muster, das einem Stein ähnelt, der im Wasser seine Kreise zieht.

Einsatzmöglichkeiten:
Taschentücher, Taschen, Bettlaken, T-Shirts, Geschirrtücher, Kissen usw.

Knäueltechnik

ab 7 Jahre

Motorik, Technik, Fantasie, Kreativität, Interaktion, Kooperation, Experimentierfreude

Material: Batikfarbe, Schüssel, Baumwoll- oder Leinenstoff, Schnur (Wolle, Paketschnur usw.)

Die Knäueltechnik spricht Kinder besonders an und führt garantiert zu Erfolgserlebnissen.
Die Kinder formen ihren Stoff zu einem Knäuel. Dann erst wickeln sie die Schnur mehr oder weniger dicht und fest um dieses Knäuel. Anschließend tauchen es die Kinder in das Farbbad. So erhalten sie nach dem Lösen der Schnur ein reizvolles, marmorartiges Batikmuster.

Einsatzmöglichkeiten:
Taschentücher, Bettlaken, T- Shirts, Geschirrtücher, Hemden, Kissen usw.

Rollentechnik

Motorik, Technik, Fantasie, Kreativität, Interaktion, Kooperation, Experimentierfreude

Material: Batikfarbe, Schüssel, Baumwoll- oder Leinenstoff, Schnur (Wolle, Paketband usw.)

Bei dieser Technik rollen die Kinder den Stoff entweder in der Länge oder Breite zu einer Rolle zusammen. Diese Rolle binden die Kinder anschließend einmal oder mehrmals hintereinander ab. Sie tauchen die abgebundene Stoffrolle in das Farbbad. Das Ergebnis sind quer oder senkrecht verlaufende Farbabstufungen, die von weißen Streifen durchbrochen werden.

Variante:
Statt den Stoff zusammenzurollen, können die Kinder ihn auch einfach zu einem Strang zusammenraffen und diesen an mehreren
Stellen abbinden.

Einsatzmöglichkeiten:
Taschentücher, Bettlaken, Geschirrtücher, T-Shirts,
Taschen usw.

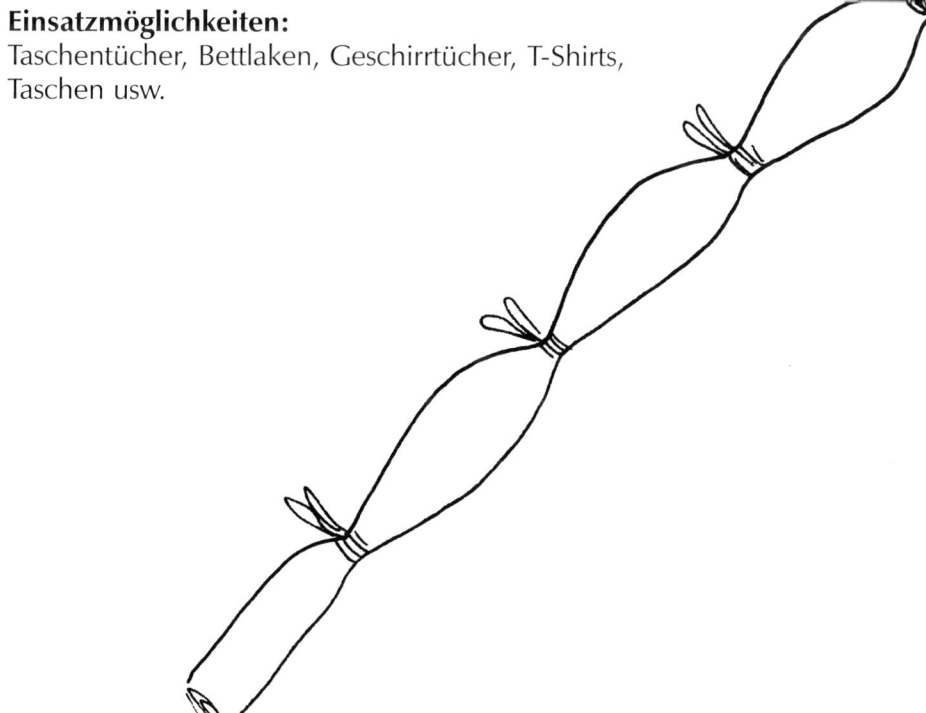

Klammertechnik

ab 7 Jahre

Motorik, Technik, Fantasie, Kreativität, Kooperation, Interaktion, Experimentierfreude

Material: Batikfarbe, Schüssel, Baumwoll- oder Leinenstoff, Holzwäscheklammern

Diese Technik lässt sich mit Kindern spielend leicht und schnell durchführen. Die Kinder raffen verschiedene Stoffpartien zusammen und zwicken diese mit Wäscheklammern zusammen. Wer möchte, kann den Stoff zuvor noch zusätzlich knicken, rollen oder falten. Dadurch variiert später das Muster und die Farbstruktur. Die Kinder tauchen das so präparierte Stoffgut in das Farbbad. Anschließend lösen die Kinder ihre Wäscheklammern.

Einsatzmöglichkeiten:
Taschentücher, Leinentaschen, Bettlaken, T- Shirts, Geschirrtücher, Hemden, Kissen

Dreieckbatik

ab 7 Jahre

Motorik, Technik, Kreativität, Interaktion, Kooperation, Experimentierfreude

Material: Batikfarbe, Schüssel, Baumwoll- oder Leinenstoff, Schnur (Wolle, Paketband usw.), Wasser

Bei dieser Technik entstehen durch einfache Faltungen Dreiecksmuster. Die Kinder schneiden den Baumwollstoff in einzelne Quadrate. Diese feuchten die Kinder an, damit sie sich besser falten lassen und die Stoffpartien nach dem Falten aufeinander kleben. Für den Faltvorgang orientieren sich die Kinder an den beiden beigefügten Zeichnungen. Damit die Faltung beim Eintauchen in das Farbbad nicht aufgeht, werden die gefalteten Stoffe zusammengerollt und leicht mit Schnur umwickelt. Dabei sind die Kinder sich gegenseitig behilflich. Jetzt tauchen sie den Stoff in das Farbbad. Auf Grund dieser Faltvorgänge erhalten die Kinder nach dem Öffnen ein interessantes Dreieckmuster.

Einsatzmöglichkeiten:
Taschentücher, Bettlaken, Geschirrtücher, Tischdecken usw.

© Verlag an der Ruhr Postfach 10 22 51
45422 Mülheim an der Ruhr www.verlagruhr.de

1)

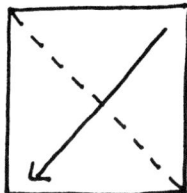 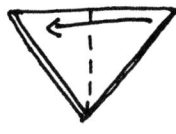  

2)

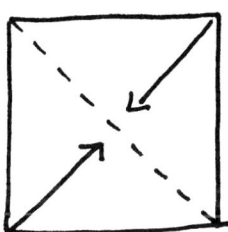  

Päckchentechnik

ab 7 Jahre

Motorik, Technik, Kreativität, Interaktion, Kooperation, Experimentierfreude

Material: Batikfarbe, Schüssel, Baumwoll- oder Leinenstoff, Wasser, Schnur (Wolle, Paketband usw.)

Die Päckchentechnik ist eine leichte Falttechnik für Kinder.
Zuerst feuchten die Kinder den Stoff an. Dann falten sie ihn zu einem Fächer oder einer Ziehharmonika. Den so entstandenen Streifen falten die Kinder in einem weiteren Schritt nochmals in Ziehharmonikamethode zu einem kleinen Päckchen zusammenfalten. Diese binden sie, wie beim Verschnüren eines Paketes, mit einer Schnur über Kreuz zusammenbinden. Die Kinder tauchen ihr Päckchen in das Farbbad. Lösen sie anschließend das Päckchen auf, erscheint ein Würfelmuster.

Einsatzmöglichkeiten:
Taschentücher, Tischdecken, Bettlaken usw.

Knotentechnik

Motorik, Technik, Kreativität, Experimentierfreude, Interaktion, Kooperation

Material: Batikfarbe, Schüssel, Baumwoll- oder Leinenstoff

Bei dieser Technik raffen die Kinder den Stoff zusammen und verknoten ihn an verschiedenen Stellen. Die Knoten müssen fest im Stoff sitzen, damit nach dem Färben ein Muster sichtbar wird. So präpariert tauchen die Kinder den Stoff in das Farbbad. Ist der Stoff leicht angetrocknet, lösen die Kinder die Knoten. Es erscheint ein marmorartiges Muster.

Einsatzmöglichkeiten:
Taschentücher, Bettlaken, Geschirrtücher, Hemden, T-Shirts usw.

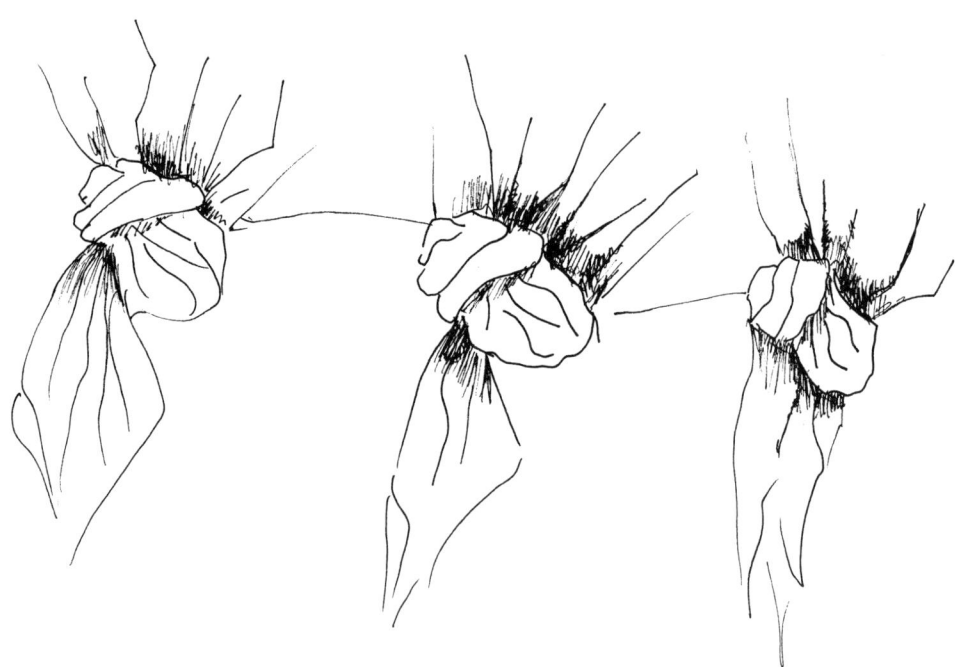

Tackertechnik

Motorik, Technik, Kreativität, Experimentierfreude, Interaktion, Kooperation

Material: Batikfarbe, Schüssel, Baumwoll- oder Leinenstoff, Tacker

Für diese leicht durchzuführende Batiktechnik falten die Kinder ihren Stoff in Ziehharmonikafalten. Dann nehmen sie das rechte und das linke Ende der Ziehharmonika und falten diese entsprechend der Zeichnung zusammen. Dann tackern sie die Enden fest. Nun können die Kinder ihren Stoff in das Farbbad eintauchen. Nach dem Lösen des Tackerdrahtes erscheint ein schlierenartiges Muster.

Einsatzmöglichkeiten:
Taschentücher, Geschirrtücher, Kissen usw.

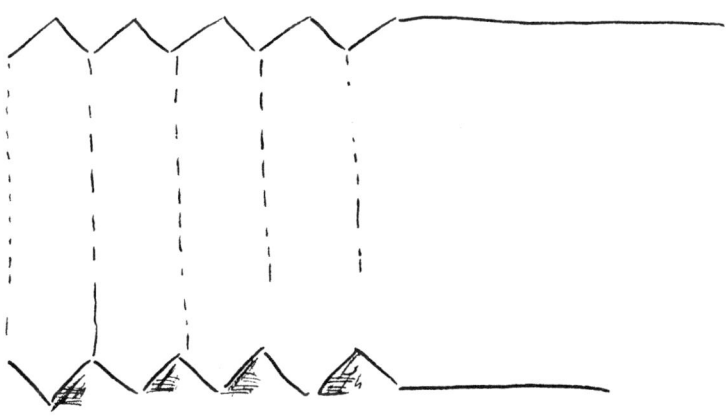

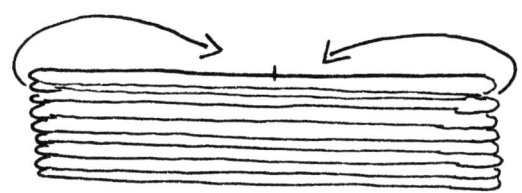

Wachs-Tropfen-Technik

ab 8 Jahre

Motorik, Technik, Fantasie, Kreativität, Experimentierfreude, Kooperation, Interaktion

Material: Batikfarbe, Schüssel, Baumwoll- oder Leinenstoff, weiße Haushaltskerze, Streichholz, Seidenmalrahmen, Wanzen, Zeitungspapier, Bügeleisen

Die Wachs-Tropfen-Technik ist eine sehr experimentelle Form der Wachs-batik. Bis zu vier Kinder können hier zusammen an einem großen Seiden-malrahmen arbeiten.

Die Kinder spannen den Stoff mithilfe der Wanzen auf den Seidenmal-rahmen. Der Stoff sollte so fest gespannt sein, dass er beim Wachs-Tropfen nicht auf der Unterlage aufliegt. Daraufhin zün-den die Kinder ihre Kerze an und tropfen das Wachs auf den Stoff. Sie können das Wachs willkürlich auf den Stoff fallen lassen oder versuchen, ein Muster oder Motiv zu tropfen. Bevor die Kinder den so bearbeiteten Stoff vom Rahmen lösen, müssen die Wachstropfen trocknen. Dann

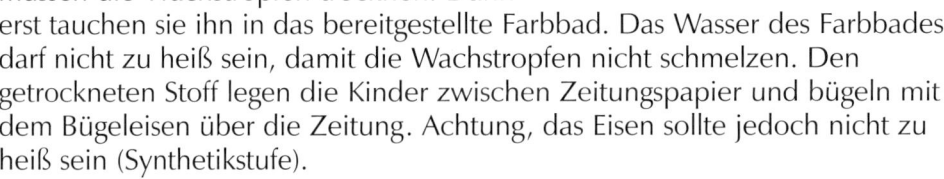

erst tauchen sie ihn in das bereitgestellte Farbbad. Das Wasser des Farbbades darf nicht zu heiß sein, damit die Wachstropfen nicht schmelzen. Den getrockneten Stoff legen die Kinder zwischen Zeitungspapier und bügeln mit dem Bügeleisen über die Zeitung. Achtung, das Eisen sollte jedoch nicht zu heiß sein (Synthetikstufe).

Durch die Hitze verflüssigen sich die Wachstropfen und werden vom Zeitungspapier aufgesogen. Haben die Kinder zuvor sehr viel Wachs auf den Stoff getropft, wiederholen sie diesen Vorgang mehrmals. Oder aber sie kratzen die Tropfen vor dem Bügeln mit einem Messer vom Stoff ab.

Variante:

Eine interessante Wachsbatik entsteht, wenn man die Tropf- und Färbe-phasen mehrmals wiederholt. Dabei müssen die Kinder beachten, dass sie nur von Hell nach Dunkel färben können, z.B.: Wachs auf den Stoff tropfen, Stoff in gelber Batikfarbe tränken, Stoff trocknen, Stoff erneut spannen, Wachs auf gelb gefärbten Stoff tropfen, Stoff in roter Batikfarbe tränken, Stoff trocknen, Stoff erneut spannen, Wachs auf rot gefärbten Stoff tropfen, Stoff in blauer Batikfarbe tränken, Stoff trocknen und bügeln.

Einsatzmöglichkeiten:
Taschentücher, Taschen, Bettlaken, T-Shirts, Geschirrtücher, Hemden, Kissen usw.

Wachs-Pinsel-Technik   ab 8 Jahre

Motorik, Technik, Fantasie, Kreativität, Interaktion, Kooperation, Experimentierfreude

Material: Batikfarbe, Schüssel, Baumwoll- oder Leinenstoff, weiße Kerzenreste, Konservendose, Topf, Seidenmalrahmen, Wanzen, Zeitungspapier, Bügeleisen, Borstenpinsel, Herd

Die Kinder spannen den Stoff mithilfe der Wanzen auf den Seidenmal-rahmen. Der Stoff sollte so fest gespannt sein, dass er beim Wachs-Malen nicht auf der Unterlage aufliegt. Die Kinder erhitzen die Kerzenreste in einer Konservendose im Wasserbad. Mit dem heißen, flüssigen Wachs und den Borstenpinseln malen die Kinder wilde Strichspuren, Motive oder Muster auf den Stoff. Aufpassen, dass die Kinder sich nicht verbrennen. Sobald das Wachs auf dem Stoff erkaltet ist, nehmen die Kinder den Stoff vom Rahmen und tauchen ihn in das Farbbad. Das Wasser darf nicht zu heiß sein, damit das Wachs nicht schmilzt. Ist der Stoff getrocknet, legen die Kinder den Stoff zwischen Zeitungspapier und bügeln dies mit dem Bügeleisen. Achtung, das Eisen sollte jedoch nicht zu heiß sein (Synthetikstufe). Durch die Hitze verflüssigt sich das Wachs und wird vom Zeitungspapier aufgesogen. Haben die Kinder zuvor sehr viel Wachs auf den Stoff gepinselt, wiederholen sie diesen Vorgang mehrmals. Oder aber sie kratzen den Wachs vor dem Bügeln mit einem Messer vom Stoff ab.

Einsatzmöglichkeiten:
Taschentücher, Taschen, Bettlaken, T- Shirts, Hemden, Kissen usw.

Tjanting-Technik

Motorik, Technik, Fantasie, Kreativität, Experimentierfreude

Material: Batikfarbe, Schüssel, Baumwoll- oder Leinenstoff, weiße Kerzenreste, Tjanting, Seidenmalrahmen, Wanzen, Zeitungspapier, Bügeleisen, Topf, Konservendose, Herd

Bei einem Tjanting handelt es sich um ein Batik-Wachskännchen, das an einem Handgriff befestigt ist. Die Kinder befüllen es während des Arbeitens immer wieder neu mit flüssigem Wachs. Mit einem Tjanting können die Kinder exaktere und feinere Muster und Motive auf den Stoff malen als mit der Wachs-Tropfen- oder Wachs-Pinsel-Technik.

Die Kinder spannen den Stoff mithilfe der Wanzen auf den Seidenmalrahmen. Der Stoff sollte so fest gespannt sein, dass er beim Malen nicht auf der Unterlage auf liegt. Die Kinder erhitzen die Kerzenreste in einer Konservendose im Wasserbad. Ist das Wachs flüssig, füllen sie dieses in das Tjanting.

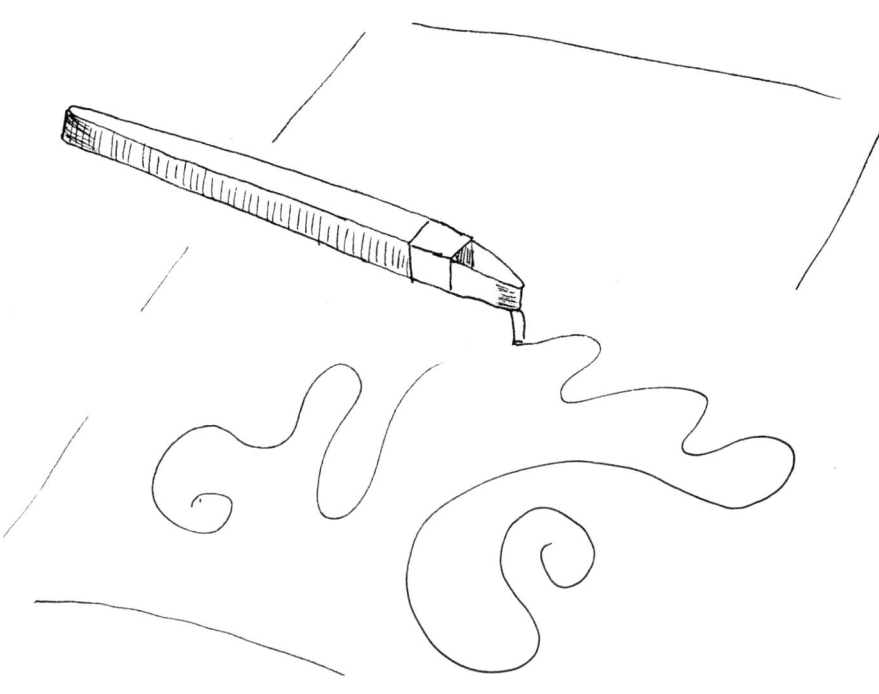

Die Kinder dürfen das Ausflussröhrchen des Tjantings nicht auf den Stoff auflegen, da es sonst verstopft. Deshalb führen die Kinder das Tjanting beim Malen ein Stückchen über dem Stoff. Durch dieses Ausflussröhrchen fließt das heiße Wachs, während die Kinder auf den Stoff malen. Die Kinder müssen sehr gleichmäßig arbeiten, um die Stoffporen sorgfältig zu verschließen. Nachdem das Wachs getrocknet ist, lösen sie den Stoff vom Rahmen und tauchen ihn in das Farbbad. Das Wasser darf nicht zu heiß sein, damit das Wachs nicht schmilzt. Den getrockneten Stoff legen die Kinder zwischen Zeitungspapier und bügeln mit dem Bügeleisen über die Zeitung. Achtung, das Eisen sollte jedoch nicht zu heiß sein (Synthetikstufe). Durch die Hitze verflüssigt sich das Wachs und wird vom Zeitungspapier aufgesogen. Haben die Kinder zuvor sehr viel Wachs auf den Stoff aufgebracht, wiederholen sie diesen Vorgang mehrmals. Oder aber sie kratzen es vor dem Bügeln mit einem Messer vom Stoff ab.

Einsatzmöglichkeiten:
Taschentücher, Bettlaken, Geschirrtücher, T-Shirts usw.

Marmorieren

- Zum Marmorieren eignen sich Naturfasern wie Leinen, Nessel, Seide und Baumwolle. Die Appretur muss jedoch vorher aus den Stoffen herausgewaschen werden.

- Zum Färben benötigen die Kinder einen Marmoriergrund. Diesen stellen die Kinder aus Tapetenkleister her (1 EL. Kleisterpulver auf einen Liter Wasser). Der Tapetenkleister muss nach dem Anrühren einige Stunden ruhen, damit die Luftbläschen entweichen.

- Benötigt wird auch eine große flache Schale. Die Schale legt die Größe des zu marmorierenden Objektes fest. Größere Objekte benötigen eine größere Schale. In diese Schale füllen die Kinder etwa fingerdick den Marmoriergrund.

- Die Farben tropfen die Kinder mithilfe von Pipetten für Arzneitropfen aus der Apotheke auf den Marmoriergrund auf. Pro Farbe benötigen die Kinder eine Pipette.

- Gefärbt wird mit Stoffmalfarben. Besonders zu empfehlen sind Deka-Permanentfarben.

- Mit Gabel oder Schaschlikstäbchen verziehen die Kinder die auf den Marmoriergrund aufgetragenen Farbtupfer zu bunten Mustern.

- Marmorieren sollte immer in der Nähe einer Wasserstelle stattfinden, um später den überschüssigen Marmoriergrund abspülen zu können.

- Bis zu vier Kinder können gemeinsam an einer Schale mit Marmoriergrund arbeiten.

An den nebenstehenden Zeichnungen können sich die Kinder beim Gestalten des Kleistermusters orientieren. Je nachdem, wie die Kinder das Stäbchen durch die auf dem Marmoriergrund befindlichen Farbtupfer führen, entstehen die verschiedensten Muster.

© Verlag an der Ruhr   Postfach 10 22 51
45422 Mülheim an der Ruhr   www.verlagruhr.de

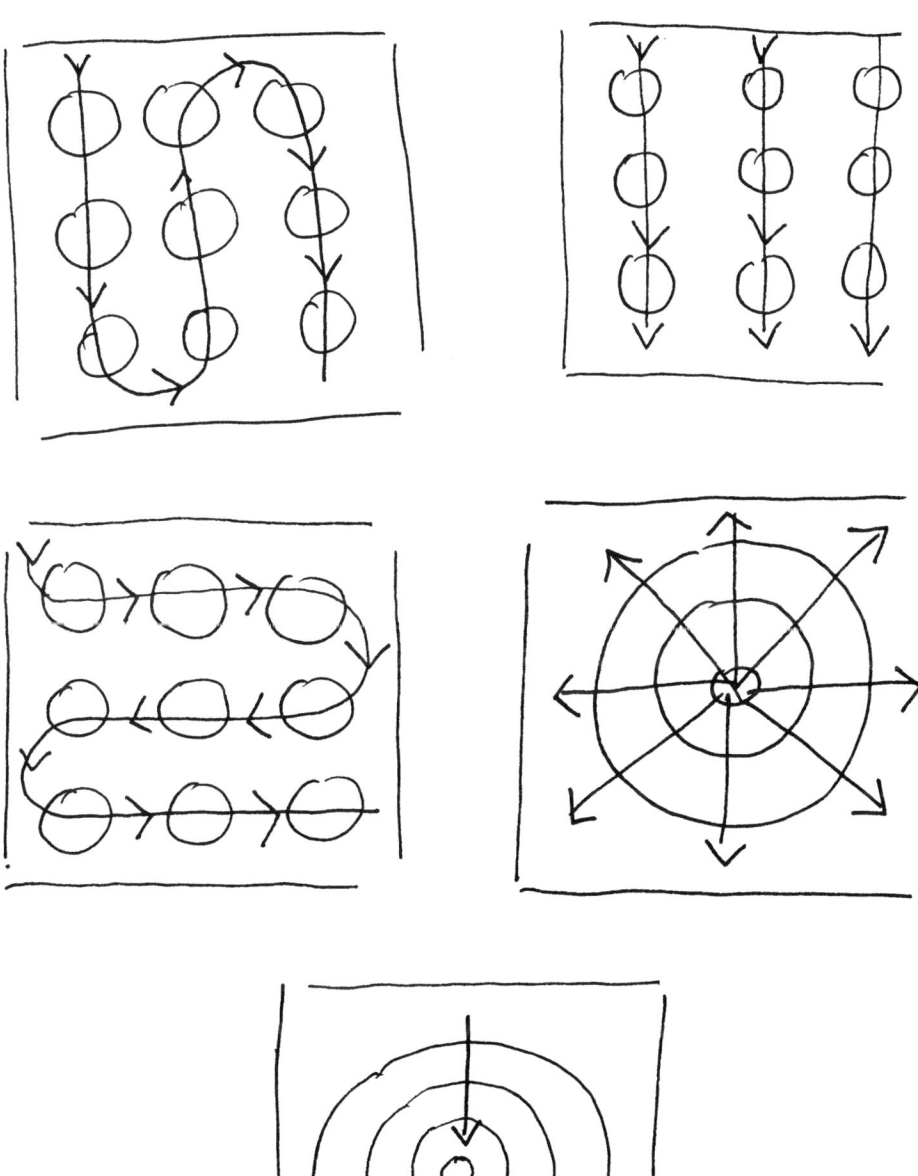

Marmorieren eines Stoffstücks

ab 7 Jahre

Motorik, Technik, Fantasie, Kreativität, Experimentierfreude, Kooperation, Interaktion

Material: Marmoriergrund, eine flache große Schale (Fotowanne, Backblech usw.), Deka-Permanentfarben, Stoff, Pipetten, Schaschlikspieß oder Gabel

Die Kinder gießen den Marmoriergrund etwa fingerdick in die Schale. Anschließend tragen sie mithilfe der Pipetten verschiedene Farben auf den Marmoriergrund auf. Die Farben schwimmen auf dem Marmoriergrund. Nun verziehen die Kinder mit einer Gabel oder einem Schaschlikspieß die Farbtupfer zu bunten Mustern. Die Kinder feuchten den Stoff an. Sie halten den Nessel sehr stramm und legen ihn für einige Sekunden auf den Marmoriergrund. Vorsichtig streichen sie mit der Hand über den Stoff. Dann heben die Kinder den Stoff vom Marmoriergrund. Die Kinder schwenken das Arbeitsstück in kaltem Wasser und entfernen so den überschüssigen Kleister. Anschließend hängen sie ihr Arbeitsstück auf die Leine bis es vollständig getrocknet ist.

Marmorieren einer Baumwolltasche

ab 7 Jahre

Motorik, Technik, Fantasie, Kreativität, Experimentierfreude, Kooperation, Interaktion

Material: Marmoriergrund, eine flache große Schale, die mindestens die Größe der Baumwolltasche hat (Fotowanne, Backblech usw.), Deka-Permanentfarben, Baumwolltasche, Pipetten, Schaschlikspieß oder Gabel

Die Kinder füllen den Kleister etwa fingerdick in die Schale. Mit Pipetten tropfen sie bunte Farbtupfen auf den Marmoriergrund. Die Farbtupfer verziehen die Kinder mit einer Gabel oder einem Schaschlikspieß zu einem interessanten Muster. Sie feuchten die Stofftasche an. Da die Tasche doppellagig ist, müssen die Kinder wie auch bei Kissen oder T-Shirts ein

© Verlag an der Ruhr Postfach 10 22 51
45422 Mülheim an der Ruhr www.verlagruhr.de

Stück entsprechend zugeschnittene Pappe oder Lackfolie zwischen die aufeinander liegenden Stofflagen schieben. Dadurch spannt sich der Stoff und verhindert das Durchschlagen der Farbe. Die Kinder legen die Tasche mit einer Seite für einige Sekunden auf den Marmoriergrund. Vorsichtig streichen sie mit der Hand über den Stoff. Dann heben die Kinder die Tasche vom Marmoriergrund. Nach dem Abheben entfernen die Kinder den überschüssigen Grund durch Schwenken des Arbeitsstückes in kaltem Wasser. Anschließend nehmen die Kinder die sich im Inneren befindende Lackfolie oder Pappe heraus und hängen die Tasche zum Trocknen auf.

Textiles Gestalten heißt: Gestalten mit ungewöhnlichem Material

Aktivitäten mit Schaumstoff, Watte, ungesponnener Wolle, Leder usw.

Mit Fotos, Schaumstoff, Schwämmen, Watte, Tischen, Stühlen, Computern und Kopierern verbinden die meisten Menschen nicht unbedingt textiles Gestalten. Aber dieses beschränkt sich nicht alleine auf das Erlernen verschiedener Handarbeitstechniken wie Sticken, Stricken, Filzen und Weben. Auch mit ungewöhnlichen Utensilien lassen sich mit Kindern interessante Angebote durchführen. Die Kinder gestalten großflächig ihren Klassenraum, machen unterschiedliche haptische Erfahrungen und lernen mal ganz andere Gestaltungsmöglichkeiten kennen.

Fotos auf Stoff aufbringen

ab 8 Jahre

Motorik, Technik, Fantasie, Kreativität, Experimentierfreude

Material: Digitalkamera oder Cam-Stick, Computer mit Bildbearbeitungsprogramm, Create & Print-T-Shirt-Folie, Baumwollstoff, Tasche, Kissen oder T-Shirt

Die Kinder fotografieren verschiedene Motive mit einer Digitalkamera oder einem Cam-Stick. Diese Bilder werden mithilfe des entsprechenden Bildbearbeitungsprogramms von den Kindern auf die Create & Print-T-Shirt-Folie gedruckt. Die Kinder schneiden das Motiv genau aus und platzieren es auf dem jeweiligen Stoff. Dabei schaut das Foto den Stoff an. Dann fixieren sie das Bild durch Aufbügeln auf dem Stoff. Anschließend ziehen die Kinder nur noch die Folie ab und das aufgebügelte Bild erscheint.

Stempelmuster auf Samt prägen

ab 8 Jahre

Motorik, Technik, Fantasie, Kreativität, Experimentierfreude

Material: Samt, Gummistempel, Bügeleisen, Wassersprühflasche, Wolldecke, Leintuch

Mit dieser Technik übertragen die Kinder ganz leicht die Muster eines Gummistempels auf den Samt.
Die Kinder legen die Wolldecke doppelt auf dem Tisch aus und breiten ein Leintuch darüber. Auf die so vorbereitete Arbeitsfläche platzieren die Kinder den Gummistempel, sodass die Motivseite nach oben schaut. Die Kinder legen den Samt mit der Samtseite nach unten auf den Gummistempel. Sie besprühen die Stoffrückseite mit Wasser, um den Samt anzufeuchten. Die Kinder stellen das Bügeleisen auf Wolle ohne Dampfzufuhr und drücken es ungefähr 15-20 Sekunden mit leichtem Druck auf den Stempel. Das Motiv des Stempels hat sich jetzt in den Samt eingedrückt.

© Verlag an der Ruhr   Postfach 10 22 51
45422 Mülheim an der Ruhr   www.verlagruhr.de

Farbkopien auf Stoff übertragen

ab 8 Jahre

Motorik, Technik, Fantasie, Kreativität, Experimentierfreude

Material: Farbfotokopierer, Filzstifte, Bügeleisen, aufbügelbares Kopierpapier, Holzbrett, Leintuch, Baumwollstoff, T-Shirt, Tasche oder Kissen

Bei diesem Angebot können die Kinder ihre eigenen Malereien auf Stoff übertragen.
Die Kinder malen mit Filzstift ein Motiv auf Kopierpapier. Diese Malereien übertragen die Kinder mit einem Farbfotokopierer auf aufbügelbares Kopierpapier. Dann breiten sie das Leintuch über dem Holzbrett aus und legen ihren Stoff mit der rechten Seite nach oben darauf. Die Kinder streichen ihren Stoff glatt, legen die Kopie mit der beschichteten Seite nach unten auf und bügeln diese mit dem Bügeleisen auf. Die Kinder sind sicherlich begeistert, wenn sie ihre eigenen Bilder auf Stoff wieder entdecken.

Textile Raumgestaltung

ab 7 Jahre

Motorik, Technik, Fantasie, Kreativität, Experimentierfreude, Kooperation, Interaktion, soziale Kompetenz.

Material: alte Gardinen, Stoffbahnen, Tücher, Decken, Säcke, Schnüre, Seile, Bettbezüge, Leintücher, Kissen, Bodenfliesen, Füllwatte

Dies ist ein sehr experimentelles Angebot. Dabei sollen die Kinder mit Stoffmaterialien Raumerfahrungen machen.
Die Aufgabe besteht darin, einen Raum mit Tüchern so auszugestalten, dass sich verschiedene kleine Räume bilden. Dazu können sie Seile spannen und den Raum mit Tüchern teilen, Dinge verhängen, Wände abhängen, Tücher spannen, Stoffe aneinander knoten usw. Des Weiteren sollten die Kinder ihre Nischen mit den Materialien so ausgestalten, dass sie sich gerne dahin zurückziehen wollen.

 Tipp: Diese Ideen können Sie mit den Kindern auch draußen im Freien durchführen und zusammenbinden.

Tafelschwammköpfe

Motorik, Technik, Fantasie, Kreativität, Experimentierfreude

Material: Tafelschwämme, kleine Schwämme, Bindfäden, Nüsse, Steine, Perlen, Knöpfe usw., Schere, Tacker, Klebstoff

Bei diesem Angebot erhalten die Kinder eine Aufgabe zum plastischen Gestalten. Das Grundmaterial ist dabei ein Tafelschwamm.
Die Kinder schneiden aus dem Tafelschwamm einen Kopf zu und geben diesem ein plastisches Aussehen. Dazu binden, tackern und kleben die Kinder in den zugeschnittenen Tafelschwamm Materialien wie z.B. Nüsse, Steine, Perlen, Knöpfe, kleine Schwämme usw. ein. So entstehen Knollennasen, Glubschaugen, Segelohren usw.

Lederbeutel

Motorik, Technik, Fantasie, Kreativität, Experimentierfreude

Material: Lederreste, Lochzange, Lederriemen, Filzstifte, Schere, kreisrunde Schablonen (Becher, Teller oder Jumbotasse)

Kleine Lederbeutel können Kinder immer sehr gut gebrauchen, ob zum Sammeln ihrer kleinen Schätze oder als Geldbeutel.
Je nach Größe des Lederrestes suchen sich die Kinder eine Schablone in Form einer Jumbotasse, eines Tellers oder Bechers. Mit einem Filzstift umfahren sie die Schablone. Den entstandenen Kreis schneiden die Kinder mit der Schere aus.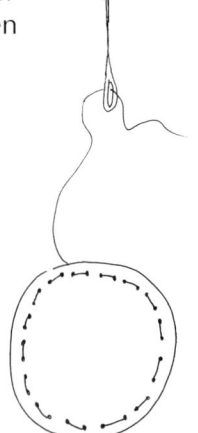
Die Kinder knipsen mithilfe eines Erwachsenen mit einer Lochzange (die Lochzange ist etwas schwer zu bedienen.) entlang des Kreises jeden Zentimeter ein Loch. Wichtig ist dabei, dass die Anzahl der Löcher gerade ist. Anschließend ziehen die Kinder mit einer Auf- und Abbewegung den Lederriemen durch die Löcher. Haben die Kinder den Lederriemen durch alle Löcher geführt, verknoten sie die beiden Enden. Der Beutel ist fertig. Die Kinder müssen nur noch den Lederriemen festziehen und zusammenbinden.

© Verlag an der Ruhr Postfach 10 22 51
45422 Mülheim an der Ruhr www.verlagruhr.de

Ledermokassins

ab 6 Jahre

Motorik, Technik, Fantasie, Kreativität, Experimentierfreude

Material: Leder, Filzstift, Schere, Lochzange, Lederriemen

Die Ledermokassins entstehen ähnlich wie die zuvor beschriebenen Lederbeutel. Dieses Mal dient jedoch der eigene Fuß als Schablone.
Die Kinder stellen sich auf das Leder und ein anderes Kind umfährt den Fuß mit einem Filzstift. Diesen Fußumriss ummalen die Kinder nochmals mit einer Konturlinie in einem Abstand von 5 cm von der ursprünglichen Umrisslinie. Entlang dieser zweiten Linie schneiden die Kinder den Schuh aus. Die weiteren Schritte entsprechen denen des Lederbeutels. Die Kinder knipsen mit einer Lochzange mit der Hilfe eines Erwachsenen (die Lochzange ist etwas schwer zu bedienen) entlang der ovalen Fußform jeden Zentimeter ein Loch. Wichtig ist dabei, dass die Anzahl der Löcher gerade ist. Anschließend ziehen die Kinder den Lederriemen durch die Löcher. Haben die Kinder den Lederriemen durch alle Löcher geführt, verknoten sie die beiden Enden. Der Schuh ist fertig, sobald die Kinder die beiden Lederriemen festziehen.

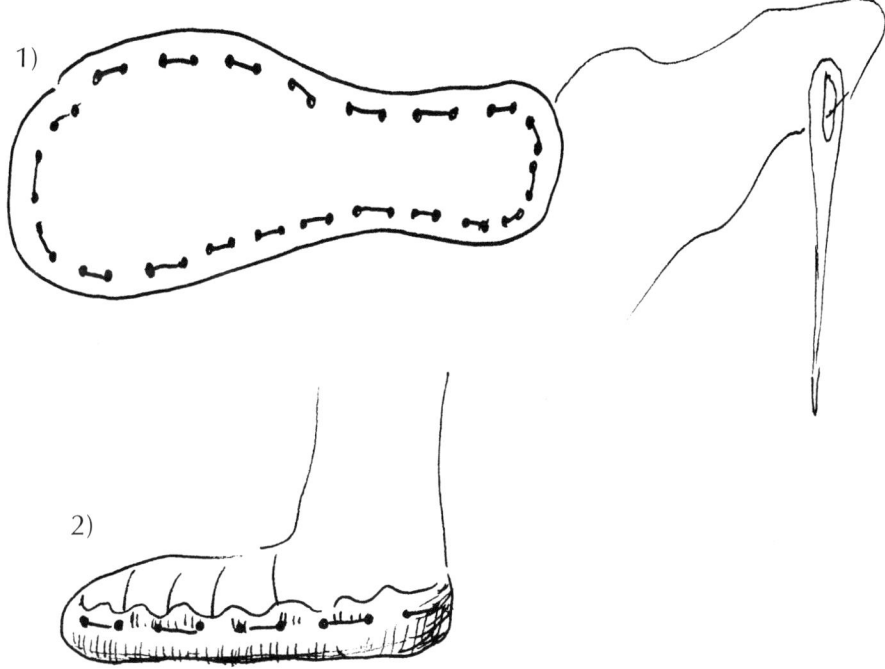

Textilhöhlen

Motorik, Technik, Fantasie, Kreativität, Experimentierfreude, Kooperation, Interaktion, soziale Kompetenz

Material: Leintücher, Tischdecken, Bettüberzüge, Wolldecken, Kartoffelsäcke, Tische und Stühle, Kissen, Schaumstoff, Teppichfliesen

Dies ist ein spielerisches Angebot, bei dem die Kinder eine große Raumplastik anfertigen. Mithilfe von Stühlen, Tischen und großflächigen Stoffen bauen die Kinder eine Art Höhle.
Die Tische und Stühle dienen den Kindern als Höhlengrundgerüst. Dieses verhängen sie anschließend mit Tüchern, Decken und Säcken. Die Höhle sollte so groß sein, dass alle am Bau beteiligten Kinder darin Platz haben. So richtig gemütlich wird es dann, wenn die Kinder die Höhle noch zusätzlich mit Kissen, Teppichfliesen und Decken einrichten.

Stofftast-Geländer

Experimentierfreude, Motorik, Technik, Fantasie, Kreativität, Wahrnehmung, Interaktion, soziale Kompetenz

Material: viele verschiedene stoffliche Materialien (Samt, Sackleinen, Seide, Schaumgummi, Wolle, Stramin, Fell, Leder usw.), leere WC-Rollen, Schere, Klebstoff

Als Alternative zu einer Tastwand können Kinder auch ein Geländer zu einer taktilen Erlebniswelt umgestalten.
Die Kinder schneiden die WC-Rollen der Länge nach auf. Dieser Einschnitt ermöglicht es später, die WC-Rollen um den Handlauf des Geländers zu spannen. Die Kinder suchen sich stoffliche Materialien, die ihnen taktil reizvoll erscheinen. Diese schneiden sie in der Größe der WC-Rolle zu und kleben sie auf die WC-Rolle. Haben alle Kinder mehrere WC-Rollen auf diese Weise gestaltet, spannen sie diese über den Handlauf des Geländers. So reiht sich WC-Rolle an WC-Rolle und bildet eine taktile Erfahrungsschlange über dem Handlauf.

 Spielidee: Jeweils zwei Kinder bilden ein Paar. Ein Kind erhält eine Augenbinde und wird von seinem Partner an dem Geländer vorbeigeführt. Das Kind versucht, die Stoffe blind zu unterscheiden.

Windlichter

ab 5 Jahre

Motorik, Technik, Fantasie, Kreativität, Experimentierfreude

Material: Watte oder ungesponnene Wolle im Vlies, Glas, Naturbast, Teelicht

Die Kinder hüllen bei diesem Angebot auf ganz einfache Weise ein Glas in ungesponnene Wolle oder Watte. Dadurch entsteht ein fantastisch schimmerndes Licht.
Jedes Kind erhält ein leeres Glas. Die Kinder ziehen ein Stück Watte oder Wolle vorsichtig auseinander, sodass ein transparenter Schleier entsteht. Diesen legen sie um das Glas und fixieren ihn, indem sie den Naturbast mehrmals um Glas und Watte wickeln. Die Enden des Naturbastes verknoten sie miteinander. Jetzt fehlt nur noch das Teelicht.

Material-Dusche

ab 5 Jahre

Experimentierfreude, Motorik, Technik, Fantasie, Kreativität, Wahrnehmung, Kooperation, soziale Kompetenz, Interaktion

Material: Maschendraht, verschiedene Stoffmaterialien mit unterschiedlichen Strukturen (Seide, Samt, Leinen, Filz, Schaumstoff, Wolle, Leder usw.), Heißklebepistole oder Tacker

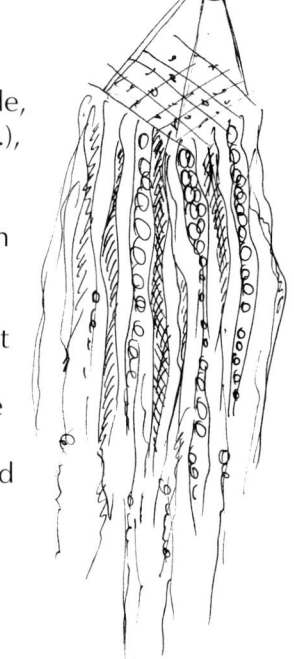

Gemeinsam schneiden die Kinder aus den Materialien 1,5 m lange und 5 cm breite Streifen. Diese kleben oder tackern sie dicht nebeneinander um den Draht. Anschließend wird der so gestaltete Maschendraht mit Seilen aufgehängt. Den Kindern werden nun die Augen verbunden. Nacheinander gehen sie durch die Stoffdusche hindurch. Dabei spüren die Kinder die verschiedenen Materialien auf der Haut. Anschließend tauschen sie sich über ihre Erfahrungen aus.

Textiles Gestalten heißt:
Gestalten mit ungewöhnlichem Material   **Aber ich kann** **doch gar**
nicht **textil gestalten**   **157**

Rokoko-Perücke

Experimentierfreude, Motorik, Technik, Fantasie, Kreativität, Wahrnehmung

Material: Watte, Wattebäusche, Bademütze, Klebstoff, Ball, Geschenkband, Perlen, Haarspangen usw.

Bei diesem Angebot fertigen die Kinder mit ganz einfachen Mitteln Perücken wie zur Barock- oder Rokokozeit an.
Die Kinder ziehen ihre Bademütze über den Ball. Dann bekleben sie ihre Bademütze mit den Wattebäuschen. Wer Lust hat, kann der Perücke auch noch einen so genannten Mozartzopf geben, der ebenfalls mit Klebstoff befestigt wird. Die Kinder gestalten die Perücken mit Haarbändern, Schleifen, Spangen usw. aus.
Wie wäre es mit einer anschließenden Frisurmodenschau?

Mozartzopf

© Verlag an der Ruhr   Postfach 10 22 51
45422 Mülheim an der Ruhr   www.verlagruhr.de

Verpackungskunst

ab 6 Jahre

Experimentierfreude, Motorik, Technik, Fantasie, Kreativität, Wahrnehmung

Material: Stoffe, Schaumgummi, Wolle, Watte, Füllwatte, Wollvlies, Gegenstände

Bei diesem Angebot bewegen sich die Kinder auf den Spuren des Verpackungskünstlers Christo.
Die Kinder suchen sich Alltagsgegenstände, die sie anschließend mit verschiedenen stofflichen Materialien verpacken. Am Ende sollte man die Gegenstände kaum noch wiedererkennen. Die Kinder fixieren zuerst Füllmaterialien wie Schaumgummi und Füllwatte mithilfe von Wolle an ihrem Gegenstand. Anschließend winden sie fantasievoll Stoffe um den Gegenstand, sodass dieser einem kostbaren Geschenk ähnlich wird.
Wie wäre es mit einem anschließenden Ratespiel? Die Kinder versuchen, gegenseitig herauszufinden, was sich hinter jeder Stoffverpackung verbirgt.

Michelin-Mann

ab 8 Jahre

Experimentierfreude, Motorik, Technik, Fantasie, Kreativität, Wahrnehmung, Interaktion, Kooperation, soziale Kompetenz

Material: alte Leggings, altes T-Shirt mit langen Armen, Füllmaterialien wie Wollvlies, Füllwatte, Watte, Stoffreste, Kissen usw.

Mit diesem Angebot erleben die Kinder, wozu sie Füllmaterialien wie Wollvlies, Füllwatte, Watte, Stoffreste usw. noch einsetzen können.
Die Kinder ziehen das T-Shirt und die Leggings an und der Spielspaß kann beginnen. Dieser besteht darin, dass die Kinder sich gegenseitig zu kleinen Michelinfiguren ausstopfen. Sie stopfen sich gegenseitig Kissen, Wollvlies, Füllwatte, Watte, Stoffreste und andere Füllmaterialien in die Kleidung, bis sie sich kaum noch bewegen können. Viel Spaß dabei!

Textiles Gestalten heißt:
Gestalten mit ungewöhnlichem Material   **Aber ich kann doch gar**
nicht textil gestalten   **159**

Stoff-Ungeheuer

ab 6 Jahre

Experimentierfreude, Motorik, Technik, Fantasie, Kreativität,
Wahrnehmung, Kooperation

Material: Maschendraht, Blumenbindedraht, verschiedene Zangen,
Stoffe und Füllmaterialien wie Schaumstoff, Füllwatte, Watte, Kleister

Aus Kleister, Stoff und einem Drahtgerüst können ganz experimentell
fantastische Stoffungeheuer entstehen.
Die Kinder formen aus Maschendraht, Füllmaterialien und Blumenbinde-
draht ein plastisches Gerüst. Den Kleister rühren die Kinder entsprechend
der Verpackungsbeschreibung an. Dann tauchen sie den Stoff in den Kleis-
ter, sodass dieser sich vollsaugt. Mit den getränkten Stoffen umhüllen die
Kinder gemeinsam das Gerüst und geben der Fantasiefigur ihr Aussehen.
Ist das Gerüst vollständig mit in Kleister getränktem Stoff umhüllt, muss die
Fantasiefigur einige Stunden trocknen. Anschließend können die Kinder die
Figur noch bemalen.

Aber ich kann doch gar nicht textil gestalten!

Riesige Textilpuppen

Experimentierfreude, Motorik, Technik, Fantasie, Kreativität, Wahrnehmung

Material: abgetragene Kinderkleidung, insbesondere langbeinige Leggings und langärmelige T-Shirts oder dünne Pullover, eventuell Mütze oder Hut, Füllwatte, Schaumstoff, Kissen, Watte, Stoffreste, Seil, Pappe oder Pappteller, Farben, Schere, Wolle, Nadel, Faden, Drahtkleiderbügel, Heißklebepistole

Bei diesem Angebot stopfen die Kinder ihre mitgebrachten Pullover und Hosen mit Füllmaterial aus und stellen daraus anschließend riesige Textilpuppen her.

Die Kinder binden sowohl die Armlöcher als auch die Beinlöcher mit Seil ab. Dann kann das Ausstopfen beginnen (Achtung, der Halsausschnitt ist weiterhin offen). Sind sowohl Hose als auch Oberteil gut ausgestopft, nähen die Kinder mit ganz groben Stichen das Oberteil an der Hose fest. Dann stopfen die Kinder den Körper durch den Halsausschnitt noch etwas praller aus. Aber was ist ein Körper ohne Gesicht? Der Kopf der Puppe kann aus vielfältigen Materialien gestaltet werden, z.B. aus einem Pappteller, einem Luftballon oder aus Pappe. Den Kopf fixieren die Kinder mit Heißkleber am Haken des Drahtkleiderbügels und führen diesen anschließend in die Halsöffnung ein und nähen diese mit groben Stichen zu. Vielleicht erhält die Figur ja anschließend noch eine Wollmütze, einen Hut, einen Schal oder andere Accessoires? Den Kindern fallen dabei sicherlich noch viele weitere Gestaltungs-möglichkeiten ein.

 **Tipp:** Es können natürlich auch mehrere Kinder zusammen an einer Figur arbeiten.

Textiles Gestalten heißt:
Gestalten mit ungewöhnlichem Material   **Aber ich kann** **doch gar**
nicht **textil gestalten**   **161**

Aber ich kann doch gar nicht textil gestalten!

Fragen, die Lehrer und Erzieher häufig stellen

Warum textile Angebote im Unterricht?

Der Umgang mit textilen Materialien beinhaltet verschiedene Kulturtechniken. Gerade die alten Handwerkstechniken wie Sticken, Stricken, Häkeln, Weben, Filzen, Färben oder Nähen sind fast ganz aus unserem Alltagsleben verschwunden. Sie werden kaum noch benötigt, da die Industrie diese Arbeiten übernommen hat. Kenntnisse in Handarbeitstechniken und textilem Werken, welche traditionell über Jahrhunderte von Generation zu Generation weitergegeben wurden, gehen mit der Zeit verloren. Niemand ist mehr in der Lage, ihre technische Umsetzung an eine neue Generation weiterzugeben. Rühren daher nicht auch die Unsicherheiten vieler Lehrer und Erzieher, sich auf textiles Werken einzulassen? Es mag sein, dass das Beherrschen dieser Techniken aufgrund der industriellen Produktion heute nicht mehr lebensnotwendig erscheint. Doch wo bleibt bei den industriell gefertigten Produkten die Individualität und Kreativität? Ist es nicht gerade Aufgabe des Kunst- und Werkunterrichts, Individualität und Kreativität bei Kindern zu entdecken und zu fördern? In diesem Zusammenhang stellen diese Techniken einen wichtigen Baustein der kindlichen Förderung dar.

Das heißt mit anderen Worten, aus kunst- und kulturpädagogischer Sicht sind diese Techniken erhaltenswert und sollten in keinem Werkunterricht fehlen.

Mit welcher Altersgruppe möchte ich ein textiles Angebot durchführen?

Bei der Auswahl eines textilen Angebotes ist die Altersfrage sehr bedeutsam. Für viele Techniken braucht man spitze Gegenstände wie Scheren, eine Nähmaschine, Nadeln und Strick- oder Häkelnadeln. Oder es wird mit erhitzten Farbbädern gearbeitet. Darüber hinaus sind bei vielen Techniken bestimmte motorische Fähigkeiten Grundvoraussetzung, um diese durchführen zu können. Es gibt aber auch zahlreiche textile Gestaltungs-möglichkeiten, um Kinder rein experimentell an stoffliche Erfahrungen heranzuführen. Dazu eignen sich insbesondere die Angebote im Bereich Weben, Färben, Drucken oder die Angebote, die sich spielerisch-experi-mentell und wahrnehmend mit Textilien auseinander setzen. Diese Angebo-te können Sie auch schon mit jüngeren Kindern (ab 5 Jahren) durchführen.

Kriterien der Angebotsauswahl

Die Auswahl des Angebotes und damit der Materialien richtet sich neben dem Alter der Kinder auch nach dem Ziel, das Sie erreichen möchten. Deshalb sollten Sie zu Beginn eines textilen Angebotes folgende Vor-überlegungen durchführen:

- Sollen die Kinder nach der Durchführung des Angebotes oder einer Angebotsreihe Stoffe bemalen oder färben können?

- Sollen die Kinder nach der Durchführung des Angebotes oder einer Angebotsreihe mit Stoffen plastisch arbeiten können?

- Sollen die Kinder nach der Durchführung des Angebotes oder einer Angebotsreihe Handarbeitstechniken können? Wenn ja welche?

- Sollen die Kinder nach der Durchführung des Angebotes oder einer Angebotsreihe konkrete Techniken beherrschen? Wenn ja, welche?

- Sollen die Kinder nach der Durchführung des Angebotes oder einer Angebotsreihe verschiedene textile Materialien kennen?

- Sollen die Kinder nach der Durchführung des Angebotes oder einer Angebotsreihe mit verschiedenen textilen Materialien experimentieren können?

Integration in den Lehrplan

Es gibt verschiedene Aspekte, textiles Gestalten in den Unterricht oder in den Rahmenplan zu integrieren. Hier einige Vorschläge:

Aspekte aus dem Bereich Biologie/Gesundheitslehre/Sachunterricht: Wahrnehmungsförderung

Stoffe fühlen sich unterschiedlich an und können bei Kindern zur taktilen Wahrnehmungsförderung eingesetzt werden. Das Malen auf Stoff hat aber auch einen kontemplativen Reiz, sodass diese Technik auch zur Meditation eingesetzt werden kann.

Aspekte aus dem Bereich Geschichte: Kennen lernen von fast ausgestorbenen Handwerken

Im Laufe der Geschichte gab es viele verschiedene Handwerke, die bei uns heutzutage fast ausgestorben sind. Das eigenständige Erleben dieser Handwerke lässt Kinder begreifen.

Aspekte aus dem Bereich Kunst: Künstler kennen lernen

Viele Künstler arbeiteten auch mit textilen Materialien. Um Kinder mit deren Arbeitsweise vertraut zu machen, eignet sich die praktische Erfahrung und somit das eigene Erleben im Umgang mit diesem Stoff besonders gut.

Aspekte aus Arbeitslehre/Textilgestaltung

Im Bereich Arbeitslehre/Textilgestaltung werden Kinder mit verschiedenen Materialien und Techniken vertraut gemacht. Dabei sollte auch textiles Material nicht außen vor bleiben. Denn an textilem Material lassen sich zahlreiche gestalterische Techniken realisieren.

Künstler, die mit textilen Materialien gearbeitet haben

Joseph Beuys verschrieb sein Lebenswerk den Materialien Fett und Filz, z.B. halbiertes Filzkreuz mit Staubbild „Magda", 1960.

Joan Miró entwarf zahlreiche Stofffiguren, Marionetten und Kostüme für das Theater und gestaltete Wandobjekte mit Textilien, z.B. „Sorbreteixim mit acht Regenschirmen", 1973.

Paul Klee gestaltete für seinen Sohn Felix eigene Handpuppenfiguren aus Stoff z.B. „Das elektrische Spektrum", 1923.

Yves Klein und **Jean Dubuffet** experimentierten mit Schwämmen und schwammähnlichen Materialien, z.B. Yves Klein: „RE 19", 1958.

Bernhard Schultze drapierte Stoff über Draht und Eisengestelle zu einer plastischen Figur, z.B. „Migof-Fahrrad", 1975.

Meret Oppenheim verhüllte Gegenstände des Alltags mit Fell, z.B. „Frühstücksgedeck im Pelz", 1936.

Christo und **Jeanne Claude** verhüllen mit riesigen Stoffbahnen kleine Gegenstände aber auch große Architektur, z.B. „Verhüllter Reichstag", 1995.

Wie bereite ich mich vor?

Die beste Vorbereitung besteht darin, die einzelnen Angebote selber einmal auszuprobieren, denn theoretisches Wissen beinhaltet noch nicht das praktische Können. Durch eigenes Ausprobieren merken Sie selber, mit welchen kleineren Problemen Sie und später auch die Kinder zu kämpfen haben. Sie sind dann den Kindern eine Nasenlänge voraus und können diesen bei ihren Schwierigkeiten und Fragen behilflich sein. Außerdem ist es immer schön, ein Anschauungsobjekt für die Kinder mitzubringen.
Eine weitere Vorbereitung besteht darin, die entsprechenden Materialien zu besorgen. Die meisten Materialien erhalten sie in Stoff-, Woll- oder Bastelläden, aber auch in den Kurzwarenabteilungen größerer Kaufhäuser. Unter der folgenden Überschrift erhalten Sie noch weitere Adressen, über die Sie textile Materialien zu relativ günstigen Preisen erwerben können.
Eine andere Möglichkeit der Vorbereitung besteht darin, über längere Zeit textile Materialien zu sammeln oder den Kindern im Voraus Sammelaufträge zu erteilen.

Wo erhalte ich verschiedene Materialien?

Bett-, Lein- und Geschirrtücher, Bilderrahmen, alte Kleidung usw. erhalten Sie günstig auf Flohmärkten oder bei Wohnungsauflösungen.

 © Verlag an der Ruhr Postfach 10 22 51
45422 Mülheim an der Ruhr www.verlagruhr.de

Alles zum Nähen und Handarbeiten bietet:

Buttinette
Industriestraße 22
86637 Wertingen
Tel.: 08272–99666
Fax: 08272–996655
www.buttinette.de

Wolllust,
Schurwollversand
Kerstin Quensell-Kettenburg
Am Brinkhof 9
27356 Unterstedt
Tel./Fax: 04269–6149

Alles von der Seidenmalerei über Stoffmalerei bis zum Batiken:

VBS HobbyVersand
Große Straße 130
27283 Verden
Bestell-Hotline: 01805–66811
Fax: 04231–66822
www.vbs-versand.de

Die „Wollfabrik"
Gert Huppertz GmbH&Co.
Lurriper Str. 373–375
41065 Mönchengladbach
Tel.: 02161–603059
Fax: 02161–603285

Reine Naturwolle und alles zum Filzen bietet:

Majo's Wollknoll
Bodelshofer Weg 66
73230 Kirchheim-Otlingen
Tel.: 07021–976740
Fax: 07021–976741

„Filzrausch"
Glatzer Frieder
Hagenweg 2b
37081 Göttingen
Tel.: 0551–67515

Wie sollte die Raumgestaltung sein?

Viele der in den Angeboten beschriebenen Techniken sind mit Farben, Wasser, Klebstoffen oder sogar Kleister und ähnlichem verbunden. Diese Materialien können dauerhafte Flecken oder Schäden auf Tischen, Böden und der Kleidung der Kinder hinterlassen. Zum Abdecken der Tische und Böden eignen sich Zeitungen, Folien oder auch große Stofflaken. Die Kinder können sich schützen, indem sie Schürzen, Vaters alte Hemden, alte Pullover oder ähnliches über ihre Kleidung ziehen.
Bei der Arbeit mit Farben, gerade beim Färben, Batiken und Marmorieren, sollten die Kinder Handschuhe tragen. Einweghandschuhe bekommt man in verschiedenen Größen in Apotheken.
Auch sollten Sie immer ausreichend Wischlappen, Handtücher und Seife zum Reinigen der Tische und Böden bereitstehen haben.

Welche Exkursionsmöglichkeiten gibt es?

Freilichtmuseum

Viele Freilichtmuseen, Handwerks- und Industriemuseen bieten aktive Werktage, um alte Handwerkskünste lebendig werden zu lassen. So gibt es dort Tage mit Angeboten, wie z.B. „Vom Schaf bis zum fertigen Textil", Web- und Spinn- oder Filztage, an denen die Kinder beobachten können, wie Schafwolle gewaschen, kardiert, gesponnen, verwebt oder sogar verfilzt wird. Ebenso erleben die Kinder bei entsprechenden Angeboten, wie aus Flachs Leinen wird oder wie Stoffe gefärbt werden. Viele dieser Museen bieten Programme über das ganze Jahr an und haben spezielle Aktivführungen für Kindergartengruppen und Schulklassen im Angebot. Wenden Sie sich doch einfach an die entsprechenden Museen in Ihrer Nähe.

Tipps für weitere Exkursionsmöglichkeiten in Ihrer näheren Umgebung erhalten Sie sicher auch beim Museumspädagogischen Dienst in Ihrer Stadt. Unter der folgenden Internetadresse stehen bereits zahlreiche Museumspädagogische Dienste, die angeklickt werden können:

www.ak-museumspaedagogik.de

© Verlag an der Ruhr   Postfach 10 22 51
45422 Mülheim an der Ruhr   www.verlagruhr.de

Insbesondere sind folgende Industriemuseen zu empfehlen, die spezielle Kinderführungen anbieten:

Rheinisches Industriemuseum
Engelskirchen
**Baumwollspinnerei
Ermen und Engels**
Engelplatz 2
51766 Engelskirchen
Tel.: 0 22 63/92 85–0
Fax: 0 22 63/92 85–199

Rheinisches Industriemuseum
Euskirchen
Tuchfabrik Müller
Carl-Koenen-Straße 25 b
53881 Euskirchen-Kuchenheim
Tel.: 0 22 51/14 88–0
Fax: 0 22 51/14 88–120
Rheinisches Industriemuseum
Ratingen

Textilfabrik Cromford
Cromforder Allee 24
40878 Ratingen
Tel.: 0 21 02/87 03 09
Fax: 0 21 02/84 97 20

Rheinisches Industriemuseum
Bergisch Gladbach
Papiermühle Alte Dombach
Alte Dombach
51465 Bergisch Gladbach
Tel.: 0 22 02/9 36 68–23
Fax: 0 22 02/9 36 68–21

Rheinisches Industriemuseum
Solingen
Gesenkschmiede Hendrichs
Merscheider Str. 297
42699 Solingen
Tel.: 02 12/33 10 05
Fax: 02 12/32 04 29

Wie bewerte ich textiles Gestalten im Unterricht?

Noten im Bereich von Kunst und Werken bzw. Textilgestaltung zu erteilen ist nicht leicht. Es gibt kaum sachlich-objektive Kriterien, die die Benotungen rechtfertigen. Einerseits geht es dabei immer um das Beherrschen von Techniken, andererseits sollen Individualität, Fantasie und Kreativität und somit der künstlerischen Freiheit in einer Note Rechnung getragen werden.

Deshalb an dieser Stelle ein 15-Punkte-Fragebogen, der herangezogen werden kann, um sich systematisch auf unterschiedlichen Ebenen an eine „objektive" Note heranzutasten:

- Hat das Kind das Thema erfasst?
- Beherrscht das Kind die vermittelte Technik?
- Entwickelt das Kind eine Komposition innerhalb seiner Gestaltung?
- Entwickelt das Kind Sensibilität im Umgang mit dem Thema?
- Entwickelt das Kind Sensibilität im Umgang mit dem eingeführten Material?
- Entwickelt das Kind Sensibilität im Umgang mit der es umgebenden Gemeinschaft?
- Entwickelt das Kind Flexibilität im Umgang mit der Thematik?
- Entwickelt das Kind Flexibilität im Umgang mit dem Material?
- Entwickelt das Kind Flexibilität in der gestalterischen Umsetzung?
- Entwickelt das Kind Vorstellungsvermögen (Assoziationsfähigkeit)?
- Entwickelt das Kind Originalität (Individualität) innerhalb seiner Gestaltung?
- Entwickelt das Kind Spontaneität in der Gestaltung und Umsetzung?
- Vermag das Kind sich eine Sache auch anders vorzustellen? Ist es in der Lage, sich auf neue Wege einzulassen?
- Hat das Kind sein Werk beendet?
- War das Kind bereit, sich einzubringen?

© Verlag an der Ruhr Postfach 10 22 51
45422 Mülheim an der Ruhr www.verlagruhr.de

Literaturtipps

Adams, Cynthia G.:
Mit Kindern kreativ rund um den Erdball.
134 S., ab 6 J.
Verlag an der Ruhr, 2000.
ISBN 3-86072-486-X

Bhattacharjee, Tarit:
India Folk Art – die Kunst des Einfachen.
Kreatives Gestalten mit Alltagsmaterialien.
76 S., ab 10 J.
Verlag an der Ruhr, 1998.
ISBN 3-86072-291-3

Bosbach, Silke:
Seidenmalerei leicht gemacht.
Mit Vorlagen.
30 S. m. zahlr. Farbfotos.
Christopherus-Verlag, 2002.
ISBN 3-419-56428-7

Fergg, Monika; Fergg, Jürgen:
Filzen für Einsteiger.
Von der Wolle zum fertigen Objekt.
Grundkurs.
64 S. m. zahlr. farb. Abb.
Augustus Verlag, 2000.
ISBN 3-8043-0576-8

Fischer, Dorothea:
Wolle und Seide mit Naturstoffen färben.
Leuchtende Farben ohne giftige Zusätze.
136 S. m. zahlr. meist farb. Abb.
AT Verlag, 1999.
ISBN 3-85502-642-4

Hall, Mary Ann; Salamony, Sandra:
Dekoratives Gestalten.
Über 80 Wohnaccessoires und Geschenke
selber machen. 176 S. mit zahlreichen farb.
Abb. Ravebsburger, 2001.
ISBN 3-332-01260-6

Hammond, Ute:
Mein erstes Häkelbuch.
56 S. m. zahlr. Farbabb.
Augustus Verlag, 2001.
ISBN 3-8043-0771-X

Hammond, Ute:
Mein erstes Stickbuch.
Der Stick-Kurs für Kinder.
52 S. m. zahlr. Farbfotos u. farb. Zeichn.
Augustus Verlag, 1999.
ISBN 3-8043-0640-3

Jentschura, Eva:
Pflanzenfärben ohne Gift.
Werkbücher für Kinder, Eltern und Erzieher.
55 S. m. Illustr. Von Heidi-Charlotte Geister.
Verlag Freies Geistesleben, 2. Auflage 1998.
ISBN 3-7725-1096-5

Knieriemen, Heinz; Krampfer, Martin:
Kinderwerkstatt Naturfarben und Lehm.
Spielen, werken und bauen mit natürlichen
Materialien.
108 S. m. zahlr. zum Teil. farb. Abb.
AT Verlag, Neuausg. 1999.
ISBN 3-85502-798-6

Kohl, MaryAnn F.:
Das Kunst-Ideenbuch.
Künstlerische Techniken für Kinder.
144 S., 6 – 12 J.
Verlag an der Ruhr, 1996.
ISBN 3-86072-264-6

Kohl, MaryAnn:
Mit Kindern kreativ durchs Jahr.
Ein Kunst-Ideenbuch.
220 S. m. zahlr. Illustr. Ab 4 Jahren.
Verlag an der Ruhr, 1998.
ISBN 3-86072-331-6

Literaturtipps

Ravishankar, Arnushka; Wolf, Gita:
Puppets Unlimited.
Puppen zum Selbermachen aus aller Welt.
141 S., ab 10 J.
Verlag an der Ruhr, 1998.
ISBN 3-86072-371-5

Rolf, Christa:
Grundkurs Stoffe färben.
Färbe- und Fixiermethoden Schritt für Schritt
erklärt.
Mit vielen Rezepten, Färbe-Tabellen und
Profi-Tipps. 80 S. m. zahlr. Farbfotos.
Augustus Verlag, 2001.
ISBN 3-8043-0808-2

Schurr, Alice; Schurr, Rolf:
Die Strickliesel neu entdeckt.
Lustige Ideen für den Strickschlauch.
48 S. m. zahlr. Farbfotos u. Vorlagenzeichn.
Augustus Verlag, 1999.
ISBN 3-8043-0633-0

Paetau Sjöberg, Gunilla:
Filzen.
Alte Tradition, modernes Handwerk.
216 S. m. zahlr. meist farb. Abb.
Verlag Haupt, 4. Auflage 2001.
ISBN 3-258-06166-1

Weber, Marion:
Marmorieren.
Stoffe, Wachs, Keramik und Papier.
Mit Ideen für den Kerzenstift.
64 S. m. zahlr. farb. Abb.
Urania, Berlin; Ravensburger
Buchverlag, 2001.
ISBN 3-332-01277-0

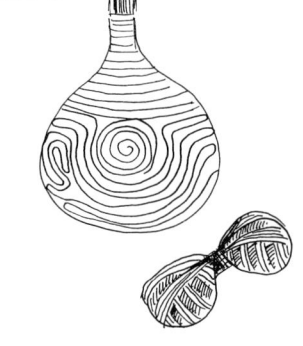

Internetadressen

www.farbenwerkstatt.de
Bastel- und Spielideen auf Basis natürlicher
Rohstoffe, Online-Bestellshop, Links zu
anderen Seiten und Literatur zum Thema.

www.naturfaerber.de
Alles über das Färben mit Mitteln aus der
Natur: Färbe-Rezepte sowie Literatur und
Materialen zum Bestellen.

www.heike-boden.de
Verschiedene Anregungen zum textilen
Gestalten und Basteln mit Farben.

www.kinderbasteleien.de
Vielfältige Gestaltungs- und Bastelideen zu
unterschiedlichen Themen.

www.bastelelfe.de
Viele witzige Bastelideen und vieles mehr
(Spiele, Rezepte, Bücher …)

www.hitzel.com/geschenkidee/bastel.html
Bastelanregungen von der Seidenmalerei
über das Filzen bis hin zum Handspinnen,
Körbchenbasteln und Perlenweben.

© Verlag an der Ruhr   Postfach 10 22 51
45422 Mülheim an der Ruhr   www.verlagruhr.de

Verlag an der Ruhr

www.verlagruhr.de

Aber ich kann doch gar nicht singen!

Musik unterrichten für „Unmusikalische"

Jackie Silberg
Ab Kl. 1, 175 S.,
16 x 23 cm, Pb.
ISBN 3-86072-444-4
Best.-Nr. 2444
15,30 € (D)/
15,70 € (A)/26,80 CHF

Aber ich kann doch gar nicht malen!

Kunst unterrichten für „Schwarzseher"

Jakobine Wierz
Ab Kl. 1, 177 S.,
16 x 23 cm, Pb.
ISBN 3-86072-562-9
Best.-Nr. 2562
15,30 € (D)/
15,70 € (A)/ 26,80 CHF

kreativ

spielerisch

lernen

Malen wie die Großen
Kinder entdecken Künstler

MaryAnn F. Kohl,
Kim Solga
6–12 J., 134 S.,
A4-quer, Pb.
ISBN 3-86072-346-4
Best.-Nr. 2346
18,60 € (D)/
19,15 € (A)/32,60 CHF

Miró für Kinder
Eine Werkstatt

Elke Schmitt
Kl. 3–4, 60 S., A4, Papph.
(mit vierf. Abb.)
ISBN 3-86072-827-X
Best.-Nr. 2827
18,50 € (D)/
/19,– € (A)/32,40 CHF

Hundertwasser für Kinder
Eine Werkstatt

Birgit Brandenburg
Kl. 3–5, 64 S.,
A4, Papph. (mit vierf. Abb.)
ISBN 3-86072-786-9
Best.-Nr. 2786
18,60 € (D)/
19,15 € (A)/32,60 CHF

Paul Klee für Kinder
Eine Werkstatt

Birgit Brandenburg
Ab Kl. 2, 61 S., A4,
Papph. (mit vierf. Abb.)
ISBN 3-86072-672-2
Best.-Nr. 2672
18,50 € (D)/
19,– € (A)/32,40 CHF

Verlag an der Ruhr

Postfach 10 22 51 • D–45422 Mülheim an der Ruhr
Tel.: 0208/49 50 40 • Fax: 0208/49 50 495
E-Mail: info@verlagruhr.de

Bücher für die pädagogische Praxis

Verlag an der Ruhr

www.verlagruhr.de

Schwimm-Schule
Ein Kurs mit Arbeitsblättern und vielen Bildern

Jackie Brookes, Joan Bunday
6–12 J., 52 S.,
A4, Ringh.
ISBN 3-86072-643-9
Best.-Nr. 2643
17,– € (D)/
17,50 € (A)/29,80 CHF

Kids' Corner
A Bit of Everything
Arbeitsblätter und Spielvorlagen für den englischen Anfangsunterricht

Liza Sernett
Ab Kl. 1, 120 S.,
A4, Pb.
ISBN 3-86072-715-X
Best.-Nr. 2715
19,60 € (D)/
20,15 € (A)/34,30 CHF

Lernen

gerne   lernen

10-Minuten-Training
Lernspiele für viele
Deutsch – Mathematik – Sachunterricht

Marilyn Evans
Kl. 1–3, 157 S.,
16 x 23 cm, Pb.
ISBN 3-86072-888-1
Best.-Nr. 2888
14,50 € (D)/
14,90 € (A)/25,40 CHF

Schreibhandwerk – Gute Texte schreiben
Grundtechniken

Astrid Grabe,
Andrea Mucha
Kl. 3–4, 61 S.,
A4, Papph.
ISBN 3-86072-781-8
Best.-Nr. 2781
17,50 € (D)/
18,– € (A)/30,70 CHF

Ich lerne Landkarten lesen!
Raumorientierung und Kartenverständnis üben

Mary Rosenberg
Kl. 2–4, 50 S.,
A4, Papph.
ISBN 3-86072-845-8
Best.-Nr. 2845
16,– € (D)/
16,45 € (A)/28,– CHF

Die Wetter-Werkstatt

Petra Mönning,
Silke Schwetschenau,
Karolin Willems
Ab Kl. 3, 76 S., A4, Papph.
ISBN 3-86072-676-5
Best.-Nr. 2676
19,50 € (D)/
20,– € (A)/34,20 CHF

Verlag an der Ruhr   Bücher für die pädagogische Praxis

Postfach 10 22 51 • D–45422 Mülheim an der Ruhr
Tel.: 0208/49 50 40 • Fax: 0208/4 95 04 95
E-Mail: info@verlagruhr.de